増補改訂版

英語で楽しむ
日本昔ばなし

カルラ・ヴァレンタイン
Carla Valentine

Enjoy
Japanese Folktales
in English

IBCパブリッシング

装幀・イラスト＝淺 井 麗 子
発音指導＝荒 井 恵 子
英語解説＝伊藤裕美子
ナレーター＝Edith Kayumi

本書は、2013年に弊社から刊行された『英語で楽しむ日本昔ばなし』の増補改訂版です。

はじめに

　「昔々あるところに……」で始まる昔ばなしは、語り手の祖父母、父母から子、孫へと何世代にもわたって語り継がれてきたものです。子どもの時に読んだり、聞いて以来、長いあいだ忘れていたという方も、「桃太郎」「鶴の恩返し」「一寸法師」というタイトルを聞けば、そのストーリーを思い浮かべることができるのではないでしょうか。

　本書ではそんな誰にでもなじみのある、またこれからの子どもにも残したい日本の昔ばなしを7編あつめ、シンプルな英語にまとめました。

　本書で掲載されている英語は、シンプルですが、何百回声に出して読んでも耐えられる、むしろ読めば読むほど味わいが出てくる、そんな文章になっています。簡単な表現ですが、深い意味が込められ、美しい調べと楽しいリズムに満ちています。きっと声に出して読むことも、苦にならないはずです。

　英語を話せるようになりたかったら、まずは英語を口に出して練習する「音読」が効果的です。発音だけでなく、イントネーションやリズムなど、最初はまねでかまいません。何度も音読をすることで、いつしかネイティブのような英語が口から出てくるようになるのです。

　また入試やTOEICにも出そうな語句や表現も満載です。高校生、大学生にも学習の一環として使っていただけるよう「覚えておきたい英語表現」のページを設けてありますので、ぜひ参照してください。

本書の使い方

音読によって、頭の中に英語回路をつくる！

　音読は、テキストを読むことで「目」を、声に出すことで「口」を、自分が音読した声を聞くことで「耳」を使っています。脳のメカニズムからも、より多くの感覚を使った方が、記憶力が良くなることがわかっています。

　音読は脳のウォーミングアップになり、学習能力が高まります。前頭前野を全体的に活性化させる音読には、抜群の脳ウォーミングアップ効果があり、脳の学習能力、記憶力を高めるという実証済みのデータがあります。

トレーニングメニュー基礎編　リスニング力強化

　以下の手順で、トレーニングを行ってください。音読による英語回路の育成が、リスニング力の向上につながることが実感できるはずです。

１ 音声を聴く

　本書に付属のダウンロード音声には、それぞれの話を通しで収録したものと、1話の中で段落や会話の区切りといった、短いトラックごとに音声ファイルを分けたものがあります。まず、1話を通しで聴いて、どの程度理解できるかを確認してください。

２ 日本語訳の音読

　日本語訳を、内容を理解しながら音読しましょう。

❸ 細かいトラックごとに英文の音読

　トラックごとに短く分けられた音声ファイルを使って、英文を目で追いながら、単語の発音を確認しましょう。次に、そのトラックの英文を音読します。この英文音読を最低で3回は繰り返してください。

　英文を音読する際に大切なことは、気持ちを込めて意味を感じながら声に出すことです。登場人物になりきって、魂を込めて音読すると、身体に染み込む度合いが高まります。

❹ 通しで聴く

　再度、1話を通しで聴いて、どの程度内容を理解できるようになったかを確かめてください。

❺ トラックごとに聴き直す

　4で理解しづらかったトラックのファイルを再度聴き直し、さらに音読を繰り返してください。英語がはっきり、ゆっくりと聞こえてくるようになるはずです。

トレーニングメニュー応用編 読む、話す、書く力の強化

　基礎編の後に以下のトレーニングを加えることで、リーディング力・スピーキング力・ライティング力を高めることができます。

● 英文の黙読でリーディング力アップ

　英文を声に出さずに、なるべく速く黙読します。

　目を英文の途中で止めたり、戻ったりせずに、左から右に流れるように動かしながら、英文の内容を理解していきます。

● **シャドーイングでスピーキング力アップ**

　シャドーイングとは、テキストを見ずに、聞こえてきた英語をわずかに遅れながら話していくトレーニングです。影のようについていくことから、シャドーイングと呼ばれています。

　短く分けたトラック・ファイルを順番に流しながら、そのファイルごとにシャドーイングに挑戦してみましょう。意味を理解しながら、音声に遅れずに話すことが目標です。

● **英文の速写でライティング力アップ**

　トラックごとに、テキストを見ながら音読し、次に、テキストを見ずに英文を声に出しながらノートに書きます。

　「話すように書く」のがライティングの基本です。声に出すことで、身に付いた英語のリズムを助けとすることができ、さらに書くことによって、語彙・文法が定着してきます。

　以上のようなトレーニングを繰り返せば、英語回路が育成され、英語力が高まっていきます。

読み聞かせの楽しみ

　誰もが慣れ親しんだ「昔ばなし」は子どもに読み聞かせるにもうってつけです。子どもは、大好きな人が自分のために語ってくれるのを聞いて育ちます。こんな幸福な、英語との出会いがあるでしょうか。ぜひ、お子様をお持ちの親御さんは、英語での読み聞かせに挑戦してみてください。英語の物語を聞かせるならCDやオーディオをかければいいではないか、と思われるかもしれませんが、やはり肉声に優るものはありません。例えばこんな実験結果もあります。アメリカ人の子どもに中国語の発音を教える実験をしました。片方のグループには、毎日CDを聞かせる。もう片方には週にほんの数時間、ネイティブ・スピーカーが中国語で話しかける。結果はCDを聞かせた子どもはほとんど発音を習得しなかったのに、肉声で話しかけられた子どもには明らかな進歩があったそうです。

　音声指導には大切な二つのポイントがあります。目の前で発音して見せることと、直接語りかけること、対話があることです。
　外国語の発音習得には、耳と目からの情報が必要です。発音を聞き、口、舌、顎の形や位置を目で確かめるのです。また、子どもが、「何を言ってるのかな？」と耳を傾け、相手の顔をじっと見ることが、外国語習得にとっては重要なのです。本書の音声は、お子さんと一緒に聴いていただいても、もちろん効果がありますが、そばで読んであげることは、何物にも代えがたい効果を生むでしょう。

音読・読み聞かせのポイント

　以下は音読をするとき、読み聞かせをするときに気をつけておきたい点です。これらのポイントを認識しながら、声に出すことであなたの英語はさらにネイティブスピーカーに近づきます。

ポイント その1

　子音に母音を足して発音しないこと。桃太郎の最初の一節、Long long ago somewhere, のlongは「ロング」ではなく、ngという1子音です。The old couple's houseのcoupleは「カップル」ではありませんし、houseのseは「ス」（su）ではなく、sの音です。

ポイント その2

　音の区別を明確にすること。lとr、vとbは全く違う音です。manのaとcutのuは同じアの音ではありません。カチカチ山や一寸法師に出てくるboatは「ボート」でなく、「ボウト」です。oaのコンビは「オウ」と読みます。awやauの表す「オー」という音とは全くちがう音です。ちなみに鶴の恩返しの鶴craneは日本語のクレーン（車）と同じ意味もありますが、aは「エイ」と発音します。「エー」という音は英語にないのです。読み方がわからなかったら、オンライン辞書で発音を確認したり、スマートフォンの音声アシスタントに聞いてみましょう。

ポイント その3

　子音をしっかりと発音すること。f, vはもちろん、ちゃんと上の歯を下唇の内側につけて摩擦音を出してください。thの音は舌先が歯の間からのぞくようにします。sの音やzの音とは違うことを目でも確認してみてください。

8

ポイント その4

　アクセントに気をつけること。いくら個々の発音が正しくても、アクセントの位置が違えば通じません。アクセントのある母音をはっきり、少し長めに、ピッチを高めに発音すると、ぐっと英語らしくなります。単語だけでなく、文のどこにアクセントが来るかも気をつけて、音声の真似をしてみてください。What is it?はどこを強く読めばいいでしょう。

ポイント その5

　イントネーションもそのまま真似してください。よい語り手は、聞き手の心の中に鮮やかなイメージを描き出します。聞き手の心に語りかけるように、声の表情、イントネーションを工夫してみましょう。こうしたことを意識しながら音読することは、そのまま皆さんの英語力につながります。物語を丸ごとインプットすることで、学校文法では習わなかった表現や、英語独特の情報構造も、自然に身に付き、英語でのコミュニケーション力もアップするのです。

　各ページ下にある音読のポイントは、最初から最後まで読むと、英語発音の基本的知識がほぼ身に付くようになっています。

IBCパブリッシング編集部 + 荒井惠子

●あらい けいこ●マンハッタンビル大学大学院卒、東京外国語大学卒業。東京純心女子中学高等学校、日米会話学院の講師のかたわら、教員セミナー等で絵本を使った英語指導法について講演も行う。

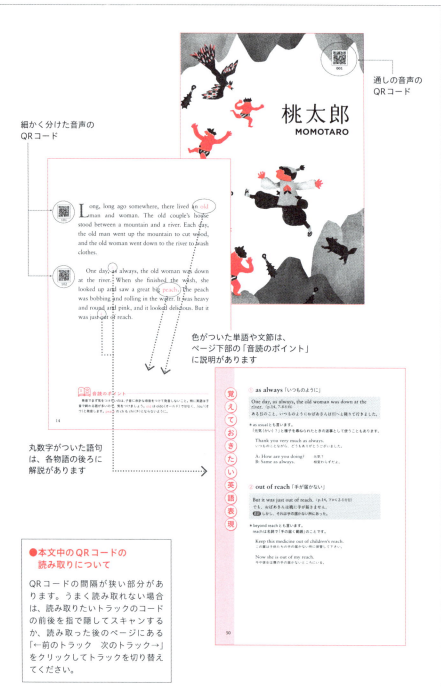

目次

はじめに 3

本書の使い方 4

桃太郎 13
MOMOTARO
覚えておきたい英語表現　50

鶴の恩返し 55
THE CRANE GIVES BACK
覚えておきたい英語表現　78

かちかち山 83
KACHI KACHI MOUNTAIN
覚えておきたい英語表現　114

花咲かじいさん 119
GRANDFATHER FLOWERS
覚えておきたい英語表現　144

一寸法師 147
ISSUN BOSHI
覚えておきたい英語表現　172

金太郎 175
THE GOLDEN BOY
覚えておきたい英語表現　190

かぐや姫 195
THE BAMBOO PRINCESS
覚えておきたい英語表現　204

●音声一括ダウンロード●

本書の朗読音声（MP3形式）を下記URLとQRコードから無料でPCなどに一括ダウンロードすることができます。

https://ibcpub.co.jp/audio_dl/0875/

※ダウンロードしたファイルはZIP形式で圧縮されていますので、解凍ソフトが必要です。
※MP3ファイルを再生するには、iTunes（Apple Music）やWindows Media Playerなどのアプリが必要です。
※PCや端末、ソフトウェアの操作・再生方法については、編集部ではお答えできません。付属のマニュアルやインターネットの検索を利用するか、開発元にお問い合わせください。

Long, long ago somewhere, there lived an old man and woman. The old couple's house stood between a mountain and a river. Each day, the old man went up the mountain to cut wood, and the old woman went down to the river to wash clothes.

One day, as always, the old woman was down at the river. When she finished the wash, she looked up and saw a great big peach. The peach was bobbing and rolling in the water. It was heavy and round and pink, and it looked delicious. But it was just out of reach.

 音読のポイント

　発音でまず気をつけたいのは、子音に余計な母音をつけて発音しないこと。特に英語は子音で終わる語が多いので、気をつけましょう。old は oldo（オールド）ではなく、/ould/（オウ ld）と発音します。peach の ch も chi（チ）とならないように。

昔々、あるところに、おじいさんとおばあさんが住んでいました。二人の家は、山と川とにはさまれたところにありました。毎日、おじいさんは山に薪をとりに、おばあさんは川に洗濯に行きました。

　ある日のこと、いつものようにおばあさんは川へと降りて行きました。そして、洗濯をおえて顔をあげると、大きな桃が見えるではありませんか。桃は水の中で、浮いたり回ったり。重そうで丸くて桃色、とてもおいしそうです。でも、おばあさんは桃に手が届きません。

桃太郎

"Come over here!" the old woman called out. "The water's sweeter over here!"

And, sure enough, the great peach began to move toward her. It bobbed and rolled and rolled and bobbed, straight into her arms. The old woman pulled the peach out of the water and smiled. She couldn't wait to share this wonderful fruit with her husband.

That evening, as always, the old man came home with a load of wood on his back. When his wife showed him the peach, he couldn't believe his eyes. He picked it up and held it in both hands.

"Look at the size of it!" he said. "Let's eat it while it's fresh!"

音読のポイント

fruit の t は母音をつけて tsu (ツ) とならないように注意します。
　語と語をつなぐ文法があるように、音と音をつなぐ音の法則「音法」があります。そのひとつが、「音の連結」で、前の単語の子音と後の単語の母音は、しばしばくっついて発音されます。例えば下から 3 行目の picked-it-up、held-it はひとまとまりで言います。下から 2 行目の look-at、size-of-it も同様です。

「おいで。おいで。こっちじゃよ」おばあさんは呼んでいます。
「こっちの水は甘いよ！」

　するとなんと大きな桃は、おばあさんの方に動きはじめるではありませんか。それは、浮いたり回ったり。回ったり浮いたり。そしておばあさんの腕のところにまっすぐやってきたのです。おばあさんは、桃を水から引きあげて、にっこり。早くこのおいしそうな桃をおじいさんと食べたいなと思いました。

　日も暮れたころ、おじいさんは薪をいっぱい背おって家にもどってきました。おばあさんが桃を見せるとおじいさんはびっくり。桃を持ちあげて、両手で抱えました。

　「なんて大きな桃じゃろう。新しいうちに食べてしまおう」とおじいさんは言いました。

桃太郎

He placed the peach on the table and picked up a knife. But just then the peach began to move.

"What's happening?" said the old woman.

"It's alive!" her husband shouted.

Suddenly the peach broke in two, and a healthy baby boy jumped out!

"WAAAAAH!" cried the baby, with a voice as loud as a drum.

The old man and woman were, of course, very surprised. But they were also very happy.

"We always prayed for a child of our own!" the old woman said.

for a child of our own も for-a child-of-our own のように くっついて発音されているのに気付きましたか？

おじいさんは桃を食卓において包丁を持ってきました。すると、桃が動きはじめるではありませんか。

　「なんじゃ。なんじゃ」おばあさんが言いました。

　「これは生きておるぞ」おじいさんは叫びました。

　すると、桃がいきなり二つに裂けて、元気な男の赤ちゃんが飛びだしてきたのです。

　「わーーーん」赤ちゃんは太鼓のような大きな声で泣いています。

　おじいさんとおばあさんは、もちろんびっくり仰天。でも、とってもうれしい！

　「いつもいつも、子どもを授けてくださいとお祈りしていたからねえ」おばあさんはそう言いました。

桃太郎

19

"He's a gift from the gods!" said her husband. "Let's prepare his first bath!"

The old man made a fire and heated some water. When he filled the tub, his wife reached for the baby. But the baby pushed her away and climbed into the hot water all by himself.

"Such power!" the old couple laughed and looked at each other.

"What shall we name him?" the old woman said.

"Well, he was born from a peach," said the old man. "So let's call him Momotaro."

 音読のポイント

　英語は日本語に比べて、文中の特定の単語を強く発音することで意味を強調する言語です。例えば、He's a gift from the gods! では、gift を強く発音することで、「贈り物」であることを強調します。

20

「神さまがくだされたのじゃ。さあ産湯がいるぞ」おじいさんが言いました。

おじいさんは、火をおこしてお湯を沸かしました。お湯をたらいにいれて、おばあさんが赤ちゃんをお湯に入れようとしたとき、赤ちゃんはそれをはねのけて、自分でお湯の中に入ってゆきました。

「まあ、なんて力のある子なのじゃ」おじいさんとおばあさんは見つめあって大笑い。

「なんて名前にしましょうか」おばあさんがそう言うと、

「そうじゃな。桃から生まれたから、桃太郎としよう」とおじいさんは答えます。

桃太郎

21

③Thanks to the old couple's loving care, the "Peach Boy" grew up healthy and strong. Even when he was little, Momotaro was the best sumo wrestler in the village. By the time he was twelve, no man in all of Japan could throw him. And yet he was the sweetest, kindest boy in the land.

Momotaro was only fourteen when he went before the old man and woman and bowed deeply.

"Grandmother, Grandfather," he said. "I must leave you for a while."

"What?" said the old woman. "But where will you go?"

"To Demons Island."

読み方を間違えやすい単語があります。wrestler の t は黙字ですから発音しません。「おじぎをする」という意味の bow はボウではなく、「バウ」。ow や ou は7割方「アウ」と読みます。Demon は「デモン」でなく「ディーマン」に近い発音です。アクセントのある「ディー」を長くはっきり発音して下さい。

おじいさんとおばあさんは桃太郎をとても大切に育て、桃太郎は元気な強い子に育ちました。小さい頃から、桃太郎は村いちばんの相撲とり。12歳になったときには、国じゅうの男たちの誰も、桃太郎を投げたおすことができなくなりました。それに、桃太郎は国じゅうの誰よりもやさしくて親切でした。

　14歳になったときのことでした。桃太郎はおじいさんとおばあさんの前で深くおじぎをします。

　「おばあさん、そしておじいさん。しばらくお暇をいただきたいのです」桃太郎はそう言いました。

　「なんじゃと。どこに行こうというのじゃ」おばあさんはたずねます。

　「鬼が島に」

桃太郎

23

"Demons Island?" cried the old man. "Whatever for?"

"To fight the demons," said Momotaro, "and bring back all the treasure."

In those days, you see, demons often came to people. They pushed the people around and took away their gold and silver and jewels. Everyone was afraid of them.

"But Demons Island is so far!" said the old man.

"And so dangerous!" said the old woman.

"Please don't worry," said Momotaro. "I'll be home with the treasure in no time."

 音読のポイント

過去形（cried、said、pushed、took、was）と現在形（bring、see、worry）が混在しているため、時制を意識して読むことで、物語の展開がより分かりやすくなります。

特に、"In those days, you see, demons often came to people." のように、過去の出来事を説明する部分は、ゆっくりと落ち着いて読むと良いでしょう。

「鬼が島とや。いったい何のために」おじいさんはびっくりして叫びました。

「鬼退治。そして宝物を持って帰ります」桃太郎はそう言いました。

その頃、鬼は人々のところにたびたびやってきては、金銀、そして宝石を無理矢理奪っていったのです。人々は皆、鬼のことをたいそう怖がっていました。

「鬼が島は遠いぞ」おじいさんは言いました。

「それに、そんな危ないことを」おばあさんも言いました。

「ご心配なく」桃太郎は言いました。「すぐに宝を持ってもどってまいりますから」

桃太郎

The old man and woman didn't want their boy to go, but they knew they couldn't stop him. Momotaro always followed his dreams. So the old man gave him a sword and a suit of armor, and the old woman made him some millet dumplings—his favorite food. She also made a flag for Momotaro to carry. On the flag was a picture of a peach and the words *Nippon Ichi*.

That means "Number One in Japan."

The Peach Boy tied the bag of millet dumplings to his belt, held the flag high, and set out on his journey. He soon left the village behind and started up the mountain.

音読のポイント

sword の発音に注意。「スウォード」でなく「ソーd」に近い発音。w は黙字です。peach の ch は息だけの音。余計な母音を入れないで、子音のみ発音してください。Nippon Ichi の chi とは違います。

おじいさんもおばあさんも、桃太郎が、鬼が島に行くことは
いやでした。しかし、桃太郎を止めることはできないと思いま
した。桃太郎は決して夢をあきらめないからです。そこで、お
じいさんは桃太郎に剣とひとそろいの鎧をわたしました。そし
ておばあさんは、きびだんごをつくってくれました。きびだん
ごは、桃太郎の大好物だったのです。それにおばあさんは、桃
太郎のために旗もつくってくれました。その旗には桃の絵と日
本一という文字が描かれています。

　「日本一の桃太郎」です。

　桃太郎は、きびだんごを入れた包みを腰に巻いて、旗を高々
と掲げ、旅に出ました。やがて村を後にした桃太郎は山に入っ
てゆきます。

桃太郎

27

Now he was climbing the mountain pass. Suddenly a dog came out of the brush.

"*Arf! Arf!* Where are you going, Momotaro?"

"To Demons Island, to fight the demons."

"Interesting! What's in the bag?"

"The best millet dumplings in all Japan."

"Give me one—*Arf!*—and I'll go with you!"

 音読のポイント

　Arf!、fight の f の発音をしっかり。上の前歯を下唇につけて息を出すように、発音します。息も強めに出して言ってみましょう。f が息の音（無声音）であるのに対して、v の音は声の音（有声音）です。でも口の形は f の音と同じ。f の口で声を出して、village（p.26、下から 2 行目）、give の v を発音してみましょう。

28

山道をのぼってゆくと、犬が突然藪から出てきます。

「ワンワン、桃太郎、どこに行くの？」

「鬼が島に鬼退治」

「すごいね。包みに入っているものは？」

「日本一のきびだんご」

「一つおくれよ。ワン！そしたら僕もついてくよ！」

"Here you are, friend. Now follow⁶ me!"

Now Momotaro and the dog were marching through a forest. Suddenly a monkey climbed down from a tree.

"*Key! Key!* Where are you going, Momotaro?"

"To Demons Island, to fight the demons."

"Interesting! What's in the bag?"

"The best millet dumplings in all Japan."

 音読のポイント

friend、follow、forest、from も p.28 同様に f の音をしっかり発音します。

「ほら、お食べ。そして僕についといで！」

　それから桃太郎と犬は森の中を歩いてゆきました。すると突
然猿が木から降りてきます。

「キー、キー。桃太郎、どこに行くの？」

「鬼が島に鬼退治」

「すごいね。包みに入っているものは？」

「日本一のきびだんご」

"Give me one—*Key!*—and I'll go with you!"

"Here you are, friend. Now follow me!"

Now Momotaro and the dog and monkey were marching across a wide green plain. Suddenly a pheasant flew down from the sky.

"*Whirr! Whirr!* Where are you going, Momotaro?"

"To Demons Island, to fight the demons."

"Interesting! What's in the bag?"

音読のポイント

　pheasant（キジ）の ph も f と同じ発音です。ea は短く「エ」と発音します。キジの鳴き声も読みにくいですね。Whirr! の h は発音しなくてかまいません。「ウァー」に近い音。word や work の wor と同じ発音です。

「一つおくれよ。キー！そしたら僕もついてくよ！」

「ほら、お食べ。そして僕についといで！」

今度は、桃太郎と犬と猿で、広い野原を列を組んで歩きます。すると突然雉（キジ）が空から飛んできました。

「ギーギー、桃太郎、どこに行くの？」

「鬼が島に鬼退治」

「すごいね。包みに入っているものは？」

桃太郎

"The best millet dumplings in all Japan."

"Give me one—*Whirr!*—and I'll go with you."

"Here you are, friend. Now follow me!"

Now Momotaro and the dog and monkey and pheasant were marching down to the sea. A fine ship was waiting there on the beach.

"⑦All aboard!" said Momotaro. "We'll sail the ship to Demons Island!"

 音読のポイント

All aboard! は船出の掛け声で、大きく力強く発音することで臨場感が出ます。日本人練習者は声が小さくなりがちなので、腹から声を出して練習しましょう。後半の We'll sail は「ウィール・セイル」と短縮形を自然に滑らかに発音するのもポイント。

「日本一のきびだんご」

「一つおくれよ。ギー！そしたら僕もついてくよ」

「ほら、お食べ。そして僕についといで！」

　桃太郎と犬と猿、そして雉が一緒に海辺へ歩いてゆくと、そこには立派な船がありました。

　「よし、みんな、船に乗ろう！」桃太郎は号令します。「鬼が島目指して、出航だ！」

桃太郎

It was a fine day, with a good wind. The ship raced like an arrow across the deep blue sea. The dog was rowing, the monkey was steering, and the pheasant was standing watch. Before very long, the pheasant called out:

"*Whirr! Whirr!* I see an island!"

Momotaro ran to the bow. He could just make out the high black walls of Demons Castle.

⑧"That's it!" he shouted. "Demons Island dead ahead!"

The dog pulled on the oar—*Arf! Arf!* The monkey held the ship steady—*Key! Key!* And the pheasant flew ahead to the island.

 音読のポイント

　パワステ power steering の steering と同じ。日本語ではステアリングですが、英語は「s ティアリ ng」。eer は「イア」と読みます。
　何度も出てきた島 island の s は黙字なので読みません。

天気はよく、風もあり、船は矢のように速く青い海をわたってゆきます。犬は櫓をこぎ、猿は舵をとり、そして雉は見はりをします。すると雉が叫びました。

「ギー！ギー！島が見えたぞ！」

　桃太郎は舳先に走って、鬼がつくった城の高くて黒い城壁を見つけます。

「あれだ。真正面があの鬼が島だ！」桃太郎が叫びました。

　犬はオールを漕いで、ワン！ワン！　猿は船をまっすぐ進めてキー！キー！　そして雉は島を目指して飛んでゆきます。

桃太郎

37

The demons on the beach didn't see the pheasant. But they saw the ship, and they were very afraid. They ran inside their castle and locked the big black gate. When the ship landed, Momotaro and the dog and monkey jumped out. They marched right up to the castle.

"Open up!" the dog shouted and kicked at the gate. "Open up, or prepare for war!"

The demons pushed against the gate from inside, to hold it closed. But the pheasant flew down from the castle tower and pecked at their eyes.

城 castle の t も黙字です。

浜にいた鬼は雉には気づきません。でも、船を見たのでびっくり。あわてて城に逃げ込み、黒い門の鍵をかけます。船が、鬼が島に着くと、桃太郎と犬と猿は船から飛び降り、城に向かって進軍しました。

　「門を開けるんだ！」犬はそう叫んで門を蹴ります。「門を開けろ、さもなければ戦になるぞ！」

　鬼たちは門を内側から押さえて開けようとしません。すると雉が城の塔から飛んできて、鬼たちの目を突きました。

桃太郎

39

"It hurts!" the demons cried. "Run for your lives!"

Now it was the monkey's turn. He climbed over the wall and opened the gate from inside.

"Momotaro of Japan!" the dog called out as the Peach Boy marched into the grounds.

The King of Demons stepped out of the castle to meet them. He had ten or twelve of his biggest, strongest demons with him. All of them carried iron clubs.

"Who do you think you are?" said the king.

音読のポイント

　It hurts! の hurt の発音は、heart（心）と似ているようですが、全く違う音です。heart は hart（雄ジカ）と同じ発音。Arf! の ar、march の ar と同じ ar の音です。あくびをするように口を大きく開けて「アー」と言います。hurt の ur は口をあまり開けず、「ア〜やだな〜」と言う時の「アー」の音に似ています。実は p.32 の Whirr! の ir と同じ音。ir、ur、er と、w の後の or は全部同じ音なのです。「ア〜やだな〜」の「ア〜」と覚えてください。
　iron（鉄）の発音は「アイアン」に近い音です。i にアクセントを置きます。「アイ」を長くはっきり発音しましょう。

「痛い！逃げるんだ」鬼は叫びます。

さあ、猿の出番です。猿は壁を登って門を内側から開けます。

「桃太郎、ここに見参！」犬がそう言うと、桃太郎は城の中に堂々と入ってゆきました。

鬼の大将が桃太郎の一行と戦うために城から出てきました。10人、あるいは12人の大きくて強そうな鬼を従えて。鬼は皆、金棒を持っています。

「お前は何ものだ？」鬼の大将が口を開きます。

"I'm Momotaro of Japan. And I've come to take back our treasure."

"Not without a fight, you won't!" The king held up his club.

"As you wish," said Momotaro, and the fight began.

Demons are big and mean, but they're weak of heart. The pheasant flew from one to another—*Whirr! Whirr!*—and pecked at their eyes. The dog ran from one to another—*Arf! Arf!*—and bit their legs. And the monkey jumped from one to another—*Key! Key!*—and scratched their faces. Before very long, the demons all threw down their clubs and ran away in tears.

 音読のポイント

　will notの省略形won'tもwant（ほしい）と混同されやすいのですが、全く違う音。won'tは /wount/ という発音。唇をすぼめてから「オウ」という音をしっかり言いましょう。一方、wantは唇をすぼめてから「オ」または「ア」と言います。

　先ほども出てきた犬の鳴き声の Arf! Arf! fの発音と同時に、arの発音にも注意。あくびをするように口を大きく開けて「アー」。同時に舌先をちょっとだけ持ち上げます。これに対してキジの鳴き声 Whirr! Whirr! のirの音は、「ア〜やだな〜」の「ア〜」です。英語では違う音なので、発音し分けてください。 ir、er、urはそこにアクセントがくると、3つとも同じ発音「ア〜」になります。覚えておくと便利なルールです。

「僕は日本一の桃太郎。宝を返してもらいにやって来た」

「返してもらいたければ、戦ってからだ！」大将は金棒を振り上げました。

「お望みなら」桃太郎はそう言うと、戦いがはじまりました。

　鬼たちは大きい上に意地悪です。しかし、心は強くありません。雉は飛んできては、ギー！ギー！といって次々に鬼たちの目を突きます。犬は走ってくると、ワン！ワン！といって、鬼たちの足に噛みつきます。そして猿は飛びかかりながら、キー！キー！といって、鬼の顔を引っかきます。すると間もなく鬼たちは金棒を投げだして泣きながら逃げてゆきました。

The only one left was the king himself. He stepped forward and tried to hit Momotaro with his club. But Momotaro jumped out of the way and threw him to the ground. Then he locked the king's head in his powerful arm.

"Stop! I give up!" cried the king. "You win, Momotaro! Please don't kill me! You can have the treasure!"

Finally Momotaro let go. The king got down on all fours and thanked him again and again. Then he ordered his demons to fill a cart with all the gold and silver and jewels in the castle. They loaded the cart on the ship.

"We'll never bother your people again!" the King of Demons promised.

th の音は、舌先で軽く前歯をさわる感じ。舌先を前歯からのぞかせて、そのまま息を強めに出します。the、thank、then、with、they、bother など、全て同様に発音します。

鬼の大将だけが取り残されました。大将は前に出て、金棒で桃太郎をたたこうとします。ですが、桃太郎はさっと飛びのくと、そのまま大将を地面に投げ飛ばします。そして、大将の頭を腕で強く押さえつけました。

　「やめてくれ！降参だ！」大将は叫びます。「お前の勝ちだ、桃太郎。命だけは助けてくれ。宝は返すから！」

　桃太郎はついに手をゆるめます。大将は四つんばいになって桃太郎に何度も感謝します。そして家来の鬼たちに、城にある金銀財宝で荷車をいっぱいにするように命令しました。鬼たちはその荷車を船に積みこみました。

　「二度とあなたの国の人々を苦しませることはしません」そう鬼の大将は誓ったのです。

桃太郎

45

"See that you don't," said Momotaro. And he and the dog and monkey and pheasant jumped on the ship and sailed for home.

Back home, the old man and woman were waiting for their Peach Boy.

"I hope he's all right," the old woman said. "Oh, when will he return?"

"Look!" said the old man. "Here he comes now!"

 音読のポイント

And he and the dog and monkey and pheasant jumped on the ship は and で繰り返されるリズミカルな構造が特徴で、リズム感を意識することで英語らしい流れが身につきます。

① 「アン・ヒー・アン・ザ・ドッグ・アン・モンキー・アン・フェザント」と"and"を軽く短く発音しつつ、リズミカルに一つの流れで続けましょう。

② 「ジャンプト・オン・ザ・シップ」は「ジャンプト」の「ト」を「オン」につなげて速めに流し、文全体を一息で自然に読む練習をしましょう。

「きっとだぞ」そう言うと、桃太郎は犬と猿と雉といっしょに船に飛びのり、帰ってゆきました。

故郷では、おじいさんとおばあさんが桃太郎の帰りを待っていました。

「無事だといいのだが。いったいいつ帰ってくるのやら」おばあさんがそう言うと、

「おや！帰ってきたぞ」とおじいさんが答えます。

Momotaro was marching down the hill toward the village. Behind him, the dog and monkey were pulling a cart full of gold and silver and jewels. Above the cart, in the clear blue sky, the pheasant flew in circles.

"That's our boy!" cried the old man. "We knew you could do it, Momotaro!"

"We're so glad you're safe!" the old woman said.

Everyone cheered, and the cherry trees were blooming.

音読のポイント

flew と knew の ew は違う音です。ew はふつう /juː/（ユー）と発音しますが、r と l の後では /uː/（ウー）になります。blue の ue と同じ発音です。flew は「フリュー」でなくて「f ルー」。英語には「リュー」という音はありません。knew の ew は通常通り /juː/（ユー）と発音するので、「ニュー」となります。

48

桃太郎は丘の上から村へと行進してきていました。桃太郎のうしろでは、金銀財宝がうず高く積まれた荷車を犬と猿が引っぱっています。その上の澄みわたった青い空を雉が輪を描いて飛んでいます。

　「おお我が子よ」おじいさんは叫びました。「お前ならやれると思っていたよ。桃太郎！」

　「無事でなによりじゃ」おばあさんもそう言います。

　皆大喜び、桜の花も満開でした。

桃太郎

① **as always**「いつものように」

> One day, as always, the old woman was down at the river.（p.14, 7-8行目）
> ある日のこと、いつものようにおばあさんは川へと降りて行きました。

* as usual とも言います。
「元気(かい)？」と様子を尋ねられたときの返事として使うこともあります。

> Thank you very much as always.
> いつものことながら、どうもありがとうございました。

> A: How are you doing?　元気？
> B: Same as always.　相変わらずだよ。

② **out of reach**「手が届かない」

> But it was just out of reach.（p.14, 下から2-1行目）
> でも、おばあさんは桃に手が届きません。
> 直訳 しかし、それは手の届かない所にあった。

* beyond reach とも言います。
　reach は名詞で「手の届く範囲」のことです。

> Keep this medicine out of children's reach.
> この薬は子供たちの手の届かない所に保管して下さい。

> Now she is out of my reach.
> 今や彼女は僕の手の届かないところにいる。

③ thanks to ~「~のおかげで、~のために」

> Thanks to the old couple's loving care, the "Peach Boy" grew up healthy and strong. (p.22, 1-2行目)
>
> おじいさんとおばあさんは桃太郎をとても大切に育て、桃太郎は元気な強い子に育ちました。
>
> **直訳** おじいさんとおばあさんの愛情深い養育のおかげで~

＊普通は良いことで用いますが、皮肉で使うこともあります。

> Thanks to emergency treatment, the patient's condition wasn't serious.
> 応急手当のおかげで、病人の状態は軽くてすんだ。

> Thanks to the accident, our train was three hours late.
> 事故のおかげで、私達が乗った列車は3時間も遅れてしまった。

④ Whatever for?「いったい何のために？」

> Whatever for? (p.24, 2行目)
>
> 何のために？

＊普段はWhat for?「何のために？」と言います。Whatever for?は強調した形で、「いったい何のために？」という意味で、驚きを表します。

> A: I have to go out.　出かけなきゃ。

> B: Whatever for? The typhoon is coming!
> 　いったい何のために？　台風が来てるんだよ！

＊whatとforの間にいろいろ入れることもできます。

> What do I have to study for?
> 何のために勉強しなきゃならないの？

> What do I need to work so hard for?
> 何のためにそんなに働く必要があるの？

桃太郎

51

覚えておきたい英語表現

⑤ in no time 「直ちに、すぐに」

I'll be home with the treasure in no time.
(p.24, 下から2-1行目)
すぐに宝を持ってもどってまいりますから。

＊in less than no time または in next to no time とも言います。

We'll be there in no time.
すぐにそちらにうかがいます。

John polished off the twenty-page report in no time at all.
ジョンは20枚のレポートをあっさり片付けてしまった。

We sold out the whole stock in no time.
在庫品をたちまち売り切った。

⑥ follow 「(人の後に)ついて行く」

Now follow me! (p.30, 1行目)
そして僕についといで。

＊肉体的について行くことだけでなく、人の言うことを理解して話についていくといった場合にも使います。

My dog follows me around everywhere.
うちの犬は私の行く所はどこにでもついて来る。

Are you following me?
ここまでのところはいいですか？（話の内容についてきて、理解できていますか？）

⑦ All aboard!「早くご乗船（車）願います！」

All aboard!（p.34, 下から2行目）
よし、みんな、船に乗ろう！

＊文脈によっては、「全員乗車、発車オーライ！」「（駅のアナウンスで）ご乗車
の方はお急ぎください」という意味にもなります。

All aboard! The train is leaving.
みんな、乗って！　電車が出るわ。

You better hurry up! The conductor is saying "All Aboard!"
急いだ方がいいわ！　車掌さんが「早くご乗車ください！」って言っているわ。

⑧ That's it!「それだ！」

That's it!（p.36, 下から5行目）
あれだ。

＊探している物などを見つけて「それだ！」という意味で使います。

A: Where is the restaurant we're looking for?
私達が探しているレストランはどこかしら？

B: That's it! The one with a red sign.
あれだ！赤い看板のついているやつ。

＊That's it. には他にも「（話の最後で）以上です。それでおしまいです」や「（励
まし、正しい方法であることを表して）いいぞ、その調子！」「（相手への同意
や賛同を表して）そうです、その通り」「（itを強く発音して）そこが問題なん
だよ」といった意味もあります。

桃太郎

53

⑨ **As you wish**「あなたのお望み通りに」

> "As you wish," said Momotaro, and the fight began.（p.42, 5-6行目）
>
> 「お望みなら」桃太郎はそう言うと、戦いがはじまりました。

＊（just) as you wish とも言います。

> "As you wish…" He said, taking a little bow and then giving me a smile.
>
> 「お望みなら…」 彼は言って、ちょっとお辞儀をしてにっこりと笑った。

＊As you wish. には他にも「お好きなように、どうぞご勝手に」や「そうおっしゃるのでしたら（そういたしましょう）」といった意味もあります。

⑩ **bother**「悩ます、苦しめる」

> "We'll never bother your people again!" the King of Demons promised.（p.44, 下から2-1行目）
>
> 「二度とあなたの国の人々を苦しませません」 そう鬼の王様は誓ったのです。

＊人をつまらないことで悩ませたり、迷惑をかけたり、困惑させる時に使います。

> Don't bother me!　邪魔しないでくれ！（構わないでくれ！）
>
> It doesn't bother me at all.　私はぜんぜん構いませんよ。
>
> I'm sorry to bother you but...　お手数をおかけしてすみませんが…

002

鶴の恩返し

THE CRANE GIVES BACK

Once upon a time, a poor young man lived in a little house in the mountains. His parents were both dead now, and the young man was very lonely. Each day he walked through the forest and collected wood. He sold the wood in the nearest town, and made just enough money to get by.①

It was a morning in early winter. The young man was walking through the snowy woods, when he heard something strange. It sounded like a cry of pain. He followed the sound until he discovered a beautiful white crane. She was lying in the snow, with an arrow through her wing.

 音読のポイント

　鶴 crane の発音は、「クレーン」でなく「k レイン」です。最後にある e は読みません。made の e も読まないので、made で1音となり、一息に「エイ」と読みます。ちなみに「エー」という発音は英語にはありません。made は「メード」でなくて「メイd」。day は「デー」でなくて「デイ」。pain は「ペーン」でなくて「ペイン」です。

昔々のこと、ひとりの貧しい若者が山間の小さな家に住んで
いました。両親とは死に別れ、若者はひとりぼっちでした。若
者は毎日のように森へ行っては木を集め、それを近くの町で
売って、なんとか生活をしていました。

　それは冬の初めの朝のこと。若者が雪のちらつく森を歩いて
いると、変な物音がするではありませんか。それは誰かが痛
がって泣いているように聞こえます。音のする方に歩いてゆく
と、そこにはきれいな白い鶴が雪の上に横たわっていました。
そして羽には矢が刺さっていたのです。

鶴の恩返し

"You poor thing!" the young man said. "Who did this to you?"

He held the crane in his arms and gently pulled the arrow out. Then he cleaned her wing, set her down in the snow, and stepped back. The crane spread her wings and rose up into the air. She circled above the young man once, cried out, and flew off into the clouds.

Late that night, the young man was sitting by his fire at home. Outside, the weather was very bad. The sky was white with snow, and a strong wind was blowing. Suddenly there was a knock at the door. When the young man opened it, he was very surprised. A beautiful young woman was standing on the front step.

 音読のポイント

late の「エイ」は二重母音で、「エイ」で1音です。say にも「エイ」という二重母音が含まれますが、過去形の said は「セイド」でなくて /sed/（セ d）です。

「ああ、かわいそうに。誰がこんなことを」若者はそう言いました。

　若者は鶴を腕に抱きかかえ、ゆっくりと矢を抜いてやりました。そして羽の傷を洗って、雪の中にもどしてやると、ゆっくりと鶴のもとを離れました。すると、鶴は羽を広げて、飛び立ちます。そして、鶴は若者の上で輪を描き、鳴くと、そのまま雲の中に消えてゆきました。

　その日の夜遅く、若者は家で火のそばに座っていました。天気はとても悪く、空には白い雪が舞い、強い風も吹いています。すると、誰かが戸を叩いています。若者が戸を開けてみると、びっくり。とても美しい女の人がそこに立っているではありませんか。

鶴の恩返し

"I have lost my way," she said. "May I spend the night here?"

"Of course!" said the young man. He invited her in, gave her a seat by the fire, and served her some hot soup.

"Thank you so much," she said. "You're very kind."

"You're most welcome," he told her. "Please stay as long as you like."

In fact the bad weather continued, and the woman stayed for many days. She helped with the cleaning and cooking, and she was very good company for the young man. He often thought how sad he would be when she left. But then, one morning, she came to him and said:

音読のポイント

way、may の ay のコンビも「エイ」と読みます。

「道に迷ってしまいました。一晩泊めていただけませんでしょうか」と女の人は言います。

「どうぞどうぞ」若者はそう言うと女の人を招きいれ、火の側に座らせて、あったかいお汁を持ってきました。

「ありがとうございます。本当にご親切に」女の人は言いました。

「どうか気になさらずに、好きなだけここにいてください」若者はそう応えます。

　実際、その後も天気はなかなかよくならず、女の人は何日もそこに滞在したのです。女の人は掃除や料理を手伝いました。若者にとって、その女の人と一緒にいるのは、とても楽しいことです。いなくなったらどんなに寂しいだろうと何度も思いました。そんなある朝、女の人がやってきて言いました。

鶴の恩返し

"Please take me as your wife."

The young man's face turned bright red.

"I'm a poor man," he said. "I can't give you a good life."

⑦"I don't care if we're poor," she told him, "as long as we can be together."

And so they married.

 音読のポイント

came (p.60 最終行)、take、face も、p.56 で解説した通り最後の e は読みませんが、その前の a をエイと読ませるはたらきがあります。

「私をあなたの妻にしてください」

若者の顔は真っ赤になってしまいました。

「私は貧しく、あなたを幸せにはできません」と彼は言いました。

「貧しさなんてどうでもいいんです。一緒にいられれば」と彼女は言います。

そして二人は一緒になりました。

They were very happy as man and wife. But it was a long, cold winter. Now New Year's was coming, and they had no money and very little food. One day, the young man told his wife that he was worried.

"How will we eat?" he said.

His wife thought for a while before speaking.

"There is an old loom in the little room in back," she said.

"Yes," he said. "It was my mother's."

 音読のポイント

　はた織り機 loom と部屋 room は、日本語的にはどちらも「ルーム」ですが、英語では全く違います。l は舌先をしっかり上の前歯の付け根につけ、息は舌の両側からもれる感じ。「ウー」という母音を発音するまで、ちゃんと舌先を歯茎につけておいてください。r は舌先が口の中のどこにもつきません。日本語のら行の音のように、舌先で口蓋（口の中の天井）をはじかないように。

二人はとても幸せな夫婦でした。しかし、その冬はとても長く、そして寒かったのです。しかも正月がやってくるというのに、お金も食べ物もほとんどありません。ある日、若者は心配のあまり妻に言いました。

　「どうやって食べていったらいいんだろう？」

　妻は少し考えています。

　そして「たしか奥の部屋にはた織り機がありましたね」と言いました。

　「あるよ。あれは母親のものだった」若者はそう応えます。

鶴の恩返し

65

"I want to use it to weave some cloth," she told him. "But you must promise me one thing. Never look into that room when I'm weaving. This is very important. Please promise."

The young man thought this strange, but he gave her his word. His wife went into the little room and closed the door. And there she stayed for the next three days. The young man didn't see her in all that time, but he heard the sound of the loom day and night.

On the third night, his wife finally stepped out of the room. She looked weak and tired. But she smiled as she handed him three rolls of white cloth.

 音読のポイント

three rolls of white cloth のところは、r と l の発音に気をつけて。でも r と l が次々に出てきて舌がもつれそうですね。最初は速く言う必要はありません。ゆっくり正確に発音する練習をしてください。

「私はそれで布を織ります」と妻はそう言いました。「でも一つだけ約束してほしいのです。私が織物をしているとき、決して部屋の中を見ないでください。絶対に。お願いです」

　若者は不思議に思いましたが、約束します。妻は小部屋に移って戸を閉めました。そしてそれから三日間出てきません。その間、若者は妻の姿をまったく見ることはなく、しかしはた織りの音は昼に夜に響いてきます。

　三日目の夜、妻はやっと部屋から出てきました。とても弱々しく疲れています。しかし妻はにこっと笑って、三反の白い布地を若者に手わたしました。

鶴の恩返し

67

"Please take this to town and sell it," she said.

It was very beautiful cloth—as fine and soft as the light of the moon. The next day, her husband carried the rolls straight to the house of the town's richest man. And that night he came home with three big bags full of rice.

"My dear wife!" he said. "Thanks to you, we'll ⑨ get through the winter. And the rich man wants to buy more! Please weave more cloth as soon as you can! Think of the money we can get for it!"

His wife said nothing at first. But then she smiled sadly.

full of rice、the little room (p.70, 2行目) も、r、l が出てきて混乱しそうですが、かたまりで言えるよう練習してください。口を動かして何度も言ううちに、すらすら言えるようになります。ちなみに little の tt は [t] という音より、むしろ日本語のら行の r の音に似ています。舌先が軽く上の歯茎の上あたりに触れてすぐ l の音に移るとうまくいきますよ。

「これを町で売ってください」と妻は言います。

とても美しい布地でした。月明かりのようにきめ細かく、そしてやわらかいのです。その翌日、若者は反物を町一番のお金持ちの家に持ってゆきました。そしてその夜、米がいっぱいつまった大きな袋を三つ、持ち帰ってきたのです。

「大切な妻よ、本当にありがとう。これで今年の冬も越せるだろう。そしてお金持ちがもっとこの反物をほしがっている。できるだけ早くまた織っておくれ。とてもよいお金になるから」と若者は言うのです。

それを聞いた妻は、しばらく無言で、そのあと悲しそうに笑みを浮かべます。

鶴の恩返し

"Of course. I'll begin right away," she said and walked to the door of the little room in back. "But please remember. You must never look in when I'm weaving…"

All that night and all the next day, the young man heard the sound of the loom. But the sound was different this time. It was slower, and heavier. He began to worry about his wife. And then, late in the evening, he heard another sound, like a cry of pain. Promise or no promise, he had to look into the room.

音読のポイント

単語にアクセント（強勢）があるように、文にもアクセント（文強勢）があります。強弱に気をつけて、音声を聴いてみてください。強弱が交互にあらわれて、リズムを作っているのに気がつきましたか。 he had to look into the room. の文では had がふつうの文より強めに読まれています。若者の切羽詰まった気持ちが had to の had にあらわれています。

「お望みなら、今すぐに」と言って、奥にある小さな部屋の戸へと歩いてゆきました。「でも、忘れないで。反物を織っているあいだ、決して中を見ないと……」

　一晩中、そしてその翌日も、若者ははた織りの音を聞きました。しかし、今度の音は前とは違います。ゆっくりと、重々しいのです。若者は妻のことが気になりました。そして、夜遅く、若者は痛みに泣く声を聞いたのです。約束を守るべきか、それとも、と思いながらも若者は部屋を見ずにはいられませんでした。

鶴の恩返し

But what a shock he got when he opened the door! His wife wasn't there, but a white crane was sitting at the loom. The crane looked ill and weak, and many of her feathers were gone. When she looked up and saw the young man, she let out a sad cry. And then, right before his eyes, she turned back into his beautiful wife.

The young man couldn't even speak.

"You…" he said. "You're…"

"Yes," said his wife. "I'm the crane. You saved my life that day, and I wanted to give back. I wanted to help you in return. So I became human…I was happy as your wife, and I learned to love you very much. When you said you needed money for food, I used my feathers to weave the cloth. But then you wanted *more* money…"

音読のポイント

　文強勢は文の最後の語にくることが多いのですが、最後の行の *more* のようにイタリック体（斜字体）になっているところは、強調するところですから、強めに、ゆっくり、はっきり、高く読みましょう。

そして、部屋の戸を開けたとき、若者は驚きます。妻はそこにはいませんでした。はた織り機の前に座っていたのは、白い鶴だったのです。鶴は病気になったように弱々しく、その体からは多くの羽がなくなっていました。鶴は若者を見あげると、悲しそうに鳴きました。そして若者の目の前であの美しい妻にもどったのです。

　若者は言葉も出ません。

「お前は……お前は……」

「そう」妻は言いました。「私は鶴です。あなたはあの日、私の命を助けてくれました。だから恩返しがしたかったのです。あなたを助けることで。だから、私は人になりました。そして、あなたの妻になれて、とても幸せでした。あなたを心からお慕いしていました。あなたが食べていくためにお金がいるというから、私は羽を折って反物を織りました。でもあなたはもっとお金がほしくなって……」

鶴の恩返し

73

"My dear wife!" cried the young man. "I didn't know! If I—"

"My hope was to stay with you forever," his wife said. "But now that you know my secret, it is not to be. I must leave you."

"No!" The young man followed his wife to the front door. "Please don't leave! I don't need money! I only want you!"

His wife stepped outside and turned to look at him sadly.

 音読のポイント

don't と only の発音には共通点があります。それは /ou/ という音（二重母音）です。won't と同じように、don't も「ドーント」でなく「ドウン t」。only は「オンリー」でなく「オウンリ」です。know の ow、hope の o、No の o も同じく二重母音の /ou/ という音です。

「大切な妻よ」若者はそう言うと泣きだしました。「私は知らなかった。もしわかっていれば……」

「私はあなたとずっと一緒にいたかった。でもあなたは私の秘密を知ってしまいました。それはあってはならないこと。私はここを去らなければなりません」

「いやだ！」若者は妻のあとを追って、玄関に行きます。「どうか、ここにいてくれないか。お金なんかどうでもいい。お前がいてくれればいいのだよ」

妻は外に出て、悲しげに振り返り若者を見ます。

"I'm sorry," she said. "It is not to be."

And then, right before his eyes, she turned back into a white crane.

The crane spread her wings and rose up into the air. She circled once in the sky above the young man and let out another sad cry. Then she flew off into the clouds, and he never saw her again.

音読のポイント

　この物語は悲しみや別れの感情が込められており、会話部分に抑揚をつけることで英語らしい表現力が増します。
　I'm sorry は sorry を少し長めに低く、悲しみを込めて。
　It is not to be は not を強調しつつ、語尾を下げて諦めのニュアンスを。
　sad cry は sad を重く、cry を高めに悲しげに。

「お許しください。これはあってはならないことなのです」

　すると、若者の目の前で、妻は白い鶴に姿を変えました。

　鶴は羽を広げて、空に飛び立ちます。一度若者の上をまわると、また悲しそうな声で鳴きました。そして、そのまま雲のなかへと飛んでゆき、二度と若者の前に姿を見せることはありませんでした。

鶴の恩返し

覚えておきたい英語表現

① **get by**
「(それほど多くの金・援助はないが) 何とか生きてゆく」

> He sold the wood in the nearest town, and made just enough money to get by. (p.56, 5-6行目)
> 若者はその木を近くの町で売って、なんとか生活をしていました。

＊近況を尋ねられたときの返答でもよく使います。

We should get by on $100 a week.
週100ドルで何とか生活するしかない。

A: How are you doing?　　　調子はどう？
B: I'm just getting by.　　　まあ、なんとかやっているよ。

② **"You poor thing!"**「かわいそうに」

> "You poor thing!" the young man said. (p.58, 1行目)
> 「ああ、かわいそうに」と若者は言いました。

＊相手に向かって同情するときの表現です。第三者をかわいそうに思うときは "Poor thing [guy]!"「まあ、かわいそう！」と言います。

Ah! Poor you and me!
ああ、かわいそうな君、かわいそうな私！

Poor girl! What's the matter?
かわいそうに！お嬢ちゃん、どうしたの？

③ lose one's way「迷子になる」

"I have lost my way," she said.（p.60, 1行目）
「道に迷ってしまいました」と彼女は言いました。

＊物理的に迷子になった場合だけでなく、精神的に迷子になった場合にも使えます。

I have lost my way. How can I get to the museum?
迷子になってしまいました。どうやったら博物館へ行けますか？

Somewhere along the line, I have lost my way in life. I want my life back.
人生のどこかで迷子になってしまった。自分の人生を取り戻したい。

④ serve「（人に）（食事などを）出す」

He invited her in, gave her a seat by the fire, and served her some hot soup.（p.60, 3-5行目）
若者は女の人を招き入れ、火のそばに座らせて、あったかいお汁を出しました。

＊「serve＋人＋with＋物」や「serve＋物＋to＋人」の形でも使えます。

She served her guests tea and cakes.
（＝She served her guests with tea and cakes.）
（＝She served tea and cakes to her guests.）
彼女は客に紅茶とケーキを出した。

覚えておきたい英語表現

⑤ as long as ～「～する間は[限り]」

> Please stay as long as you like. （p.60, 下から8-7行目）
> 好きなだけここにいて下さい。

＊as long as には前置詞として働き、後ろに期間を表す語句を伴って「～もの間」という意味で時間が長いことを強調する用法と、接続詞として働き、後ろに「主語と動詞」の形を伴って「～なだけ長く、～の間（while）」という意味になる用法があります。

> Some people stop breathing when asleep—sometimes for as long as 90 seconds. （前置詞的な用法）
> 睡眠中無呼吸状態になる人がいて、中にはその時間が90秒にも及ぶことがある。

> Make yourself at home and stay as long as you like.
> （接続詞的な用法）
> 気兼ねしないでいつまでもいて下さいね。

＊as long as ～には、条件を表す「～さえすれば」という意味もあります。

> I don't care as long as you are happy.
> あなたが幸せでありさえすれば私はかまいません。

⑥ good company「つきあって好ましい人」

> She was very good company for the young man.
> （p.60, 下から4-3行目）
> 若者にとって、その女の人と一緒にいるのはとても楽しいことでした。

＊company は「会社」以外に「仲間、友達、同伴者、連れ」などの意味があります。

> He is good [bad, poor] company.
> 彼は一緒にいて楽しい[つまらない]相手だ。

＊このように、個人をさすこともありますが、数えられない名詞扱いなので、a
はつかないことに注意しましょう。

My daughter keeps good [bad] company.
うちの娘は良い[悪い]仲間とつき合っている。

⑦ I don't care if 〜「〜であっても構わない」

I don't care if we're poor.（p.62, 下から3行目）
貧しさなんてどうでもいいんです。
直訳 貧しくてもかまいません。

＊「〜してもいい」という意味にもなります。

I don't care if I look stupid, I'm having fun.
馬鹿に見えたっていいんだ。楽しくやっているんだから。

A: Will you go?　　　　　君も行く？
B: I don't care if I go.　　行ってもいいよ。

⑧ give + 人 + one's word「約束する、誓う」

He gave her his word.（p.66, 5-6行目）
若者は彼女に約束した。

＊wordは「約束、保証、請け合い」という意味です。

I gave him my word that I would never be late.
私は彼にもう遅刻しないという約束をした。

Give me your word that you won't do it again.
二度としないって約束して下さい。

鶴の恩返し

81

覚えておきたい英語表現

⑨ get through ～「（困難などを）切り抜ける」

> We'll get through the winter. （p.68, 下から6-5行目）
> これで冬も越せるだろう。

＊get throughには「人に考えなどをわからせる」や「（人と）連絡がつく」という意味もあります。

I managed to get through the crisis in my life.
私は何とか人生の重大局面を切り抜けた。

Our meaning didn't get through to them.
こちらの真意が相手に伝わらなかった。

I called him up, but couldn't get through.
彼に電話をかけたが、通じなかった。

⑩ let out 「（叫び声などを）出す」

> She let out a sad cry. （p.72, 5-6行目）
> 悲しそうに鳴きました。

＊let outには「（秘密など）を漏らす、口外する」という意味もあります。

I let out laugh after laugh.
私は笑い転げた。

Oops, I let out the secret I wasn't going to tell you.
おっと、あなたに言うつもりのなかった秘密をばらしちゃった。

82

Long, long ago, an old farmer and his wife lived in a certain place. Each day the farmer worked hard in his field. And each day a tanuki from the Mountain in Back made his work even harder.

A tanuki looks like a cross between a raccoon and a dog. This animal is famous in Japan for playing tricks on people. And the tanuki from the Mountain in Back was always causing trouble for the old farmer.

Today the farmer was planting.

"One little seed, a hundred meals!" he sang as he pushed each seed into the ground.

音読のポイント

2行目の farmer、hard の ar はあくびの口の「アー」ですが、worked の or は同じく2行目の certain の er と同じ「ア〜いやだな〜」の「ア〜」です。口はあまり開きません。field、seeds、meal の ie、ee、ea は思いっきり口を横に広げて「イー」と発音します。

84

昔々、あるところに、年老いたお百姓のおじいさんとおばあさんが住んでいました。毎日、おじいさんは、畑に行きます。畑仕事は大変でした。ところが、裏山からタヌキがやってきて、おじいさんの仕事をもっと大変にしてしまいます。

　タヌキは、アライグマと犬をかけ合わせたような動物で、昔から、いたずら好きで知られています。この裏山のタヌキも毎日のように、おじいさんに意地悪をするのです。

　その日、お百姓のおじいさんは種を植えていました。

　「小さな種よ、たくさんの食べものになっておくれ」おじいさんは、一粒一粒種を土にまくたびに、そう歌います。

かちかち山

85

At noon he went inside the house for lunch. And while he was gone, the tanuki ran through the field, dug up all the seeds, and ate them. When the farmer came back outside, he saw the tanuki and shouted:

"You little devil! Get out of my field!"

"A hundred seeds, one little meal!" the tanuki laughed and ran off into the brush.

The farmer was very angry. He loved animals, but ② enough was enough. He spent the rest of the afternoon making a trap.

音読のポイント

tanuki や put の u は「ウ」と発音しますが、brush や but の u は、あまり口を開かず、のどの奥から声を出すかんじで、短く「ア」と発音します。上を向いて「アッ」というかんじです。lunch、dug、hundred も同じです。

昼になると、おじいさんは家で昼ご飯を食べました。おじいさんがご飯を食べているあいだに、タヌキは畑にやってきて、種をすべて掘りおこし、食べてしまったのです。お百姓のおじいさんが外に出てくると、タヌキを見つけ怒鳴りつけます。

　「この悪者め。畑から出てゆけ！」

　「たくさんの種が、ちょっとの食事」タヌキはそう言って笑うと、森の中に走ってゆきました。

　おじいさんはとても腹が立ちました。おじいさんは動物は好きですが、このやり方はあんまりです。おじいさんは午後をついやして、罠をつくりました。

かちかち山

87

The tanuki was good at causing trouble, but he was not very bright. The next morning, the farmer went to check his trap. And, sure enough, there was the tanuki. He was hanging by all four feet at the end of a rope. The farmer carried him into the house and tied the other end of the rope to the kitchen rafters.

"I finally caught this bad tanuki," he told his wife. "Keep an eye on him, and don't fall for any of his tricks. I want tanuki soup for dinner!"

"Very well, dear," she said.

When the farmer went back out to his field, the old woman began working around the house. The tanuki didn't say a word. But his eyes followed her every move.

 音読のポイント

　trouble の ou も、some の o も、u と同じ「ア」という音です。この「ア」と bad、sad、back の「あ」は全く違う音なのでしっかり区別しましょう。この「ア」と trap、hanging の a の音は全く違う音です。便宜上「あ」とひらがなで表記しますが、日本語の「あ」と「え」の中間の音。「え」というつもりで「あ」と言います。口を横に開いてにっこりし、そのまま顎を落とすかんじ。trouble の「ア」より長めに発音しますので、この「あ」の音がきれいに出せたら、とても上手に聞こえます。音声では And の A もこの「あ」の音で読まれています。

88

タヌキは、人にいろいろと迷惑をかけますが、あまり利口で
はありません。その次の日の朝、お百姓のおじいさんは罠を見
にゆきました。するとやっぱり、そこにタヌキがひっかかって
いるではありませんか。おじいさんは、タヌキの四本の足を
しっかりと縄でくくり、家に運ぶと、縄の端を台所の梁にくく
りつけます。

　「ついにこのいたずらタヌキを捕まえた」おじいさんはおば
あさんに言いました。「ちゃんと見張っていてくれよ、こいつ
にごまかされないように。今夜はタヌキ汁を食べようか！」

　「そうしましょう」おばあさんは言いました。

　おじいさんが畑にもどってゆくと、おばあさんは家のまわ
りで仕事をはじめます。タヌキは何もしゃべりません。ただ、
じっとおばあさんの動きを見ています。

かちかち山

After a while, the old woman went into the kitchen and put some millet in the mortar. She wanted to make millet cakes to go with the tanuki soup. When she picked up the heavy wooden mallet, to pound the millet, the tanuki finally spoke.

"Grandmother," he said in a sad voice. "I'm sorry I've been such a bad tanuki. I want to do just one good thing before I die. Please let me help you. That mallet is much too heavy for an old woman like you!"

"You can't fool me," the old woman said.

"I'm not trying to fool you, Grandmother," the tanuki said. "I'm happy to be soup for you and the good farmer. But just once, before I leave this life, I want to do the right thing!"

📖 音読のポイント

　wooden の oo は「ウ」。唇をすぼめて発音します。woman の wo は wooden の woo と同じ音で「ウーマン」ではありません。
　too、fool の oo は、素麺が通るくらい唇をぎゅっとすぼめて突き出し、「ウー」と言います。good の oo の音「ウ」は、太いうどんを一本くわえるくらいの軽い感じで、唇をすぼめます。good の oo と fool の oo の違いは、音の長さというより、緊張の度合いの違い、音の質の違いです。soup の「ウー」も素麺の太さの「ウー」です。

しばらくして、おばあさんは、台所にきてきびを臼の中に入れました。きび餅をタヌキ汁に入れようと思ったのです。おばあさんが、きびを挽くために重い木づちを持ちあげたとき、タヌキはようやく口を開きました。

　「おばあさん」その声は悲しそうです。「ごめんなさい。私はとても悪いタヌキでした。せめて死ぬ前に一つよい事がしたいのです。おばあさんの手伝いをさせてください。その木づちはあなたのようなお年寄りにはとても重いでしょう！」

　「嘘をつくんじゃないよ」おばあさんが言います。

　「嘘なんか、つきません。おばあさん。私は喜んでおばあさんとおじいさんのためにタヌキ汁になりましょう。でも、この世を去るときに一つだけ良いことがしたいのです！」そうタヌキは懇願します。

かちかち山

91

The old woman had a soft heart, and in the end she believed the tanuki. She untied him and handed him the heavy wooden mallet. But he didn't use the mallet to help the old woman. He lifted it high in the air and brought it right down on her head!

Late that afternoon, the farmer came back home. He was hungry and looking forward to his tanuki soup. But what did he find? His dear wife was dead on the floor, and the tanuki was gone.

 音読のポイント

untied、lifted、brought、find といった動作を表す動詞に強弱アクセントをつけることで、物語の流れと緊張感が生まれます。untied は「アン**タイド**」と"un"より"tied"を強く、lifted は「**リフ**ティド」と "lift" にアクセント、brought は「**ブロート**」と全体を力強く、find は「**ファインド**」と、やはり全体を強調しましょう。日本人は単語を均等に発音しがちなので、強弱を意識することで英語らしいリズムが身につきます。

おばあさんは心の優しい人でした。結局タヌキを信じてし
まったのです。おばあさんは縄をほどいて重たい木づちを手わ
たします。しかし、タヌキは木づちを使っておばあさんを助け
るどころか、なんとそれを高々と持ちあげて、おばあさんの頭
めがけて振りおろしたのです。

　その日の午後おそく、おじいさんが家にもどってきました。
おじいさんはおなかが空いていたので、タヌキ汁を楽しみにし
ていました。ところがそこで見たものは……。なんとおばあさ
んが床で死んでいて、タヌキはどこかに消えているではありま
せんか。

かちかち山

93

The old farmer sat down on the front step. His heart was broken, and he didn't know what to do. He was still sitting there, when the cute little rabbit from the Mountain in Front came along. This rabbit was a close friend.

"What's wrong, Grandfather?" she said.

The farmer told her the whole story. Tears were running down his face. The rabbit cried too.

"That terrible tanuki!" she said. "Don't worry, Grandfather. He won't get away with this!"

 音読のポイント

　whole と hole（p.96、4行目）、意味も綴りも違いますが、発音は同じです。「オウ」という音をしっかり出しましょう。「オー」ではありません。「オー」と「オウ」は日本語で言えば、「いて」と「いって」くらい違います。日本人にとって「オー」と「オウ」は同じ音に聞こえますので、まず、違うということを意識して、発音練習をしましょう。

おじいさんは家の入りぐちに座りこみ、悲嘆に暮れます。ど
うしていいかわかりません。おじいさんがそこに座りこんでい
ると、かわいらしいウサギが前の山からやってきました。ウサ
ギはおじいさんの仲のいい友だちです。

　「どうしたの？　おじいさん」ウサギはたずねます。

　お百姓さんは、ことのすべてをウサギに話してきかせまし
た。涙が頬をつたって流れます。ウサギも一緒に泣きました。

　「ひどいタヌキね！　心配しないでおじいさん、きっと敵は
とってあげるからね」

かちかち山

95

The next day, the rabbit walked up the Mountain in Back. As she walked, she filled her basket with pieces of wood. She sat down to rest near the tanuki's hole and began eating chestnuts.

The tanuki smelled the chestnuts and came outside.

"What are you eating, Rabbit?" he said.

"Chestnuts."

"Can I have some?"

"Yes," said the rabbit. "But please help me first. Can you carry this wood? It's so heavy for me…"

hole は p.94 の whole と同じ発音。/ou/ という二重母音に気をつけて。walked の al は「オー」と読みます。口の形は変化しません。

次の日になりました。ウサギは裏山に登ってゆきました。歩きながらかごに薪をたくさん入れています。ウサギはタヌキの穴のそばに座って、栗を食べながらひとやすみ。

　栗の匂いをかいで、タヌキは穴から出てきました。

　「ウサギ。お前何を食べている？」タヌキはたずねます。

　「栗よ」

　「少し、おくれよ」

　「どうぞ」ウサギは応えます。「でも、その前に手伝って。この薪を運んでくれない？　私にはとても重くて」

かちかち山

97

"Gladly!" said the tanuki.

He tied the basket of wood to his back and started down the mountain. The rabbit followed behind him. Soon she began hitting two rocks together: *Kachi! Kachi!* She was trying to set the basket of wood on fire.

"Say, Rabbit," said the tanuki. "What's that 'kachi, kachi' sound?"

"Oh, that's nothing," said the rabbit. "It's just the Kachi Kachi Bird from Kachi Kachi Mountain."

"Oh, right," said the tanuki. "I already knew that."

 音読のポイント

kachi kachi（カチカチ）は全部で4音（4拍）ですが、p.100 の crackle はどうでしょう。「クラックル」だから4音？「ッ」も入れて5音？ crackle の中に母音は一つだけなので crackle の音節は1つ、つまり1音となります。日本語の音節はモーラ(拍)といって、同じ強さ、同じ長さで発音されますが、英語の音節は、長さがまちまち。2行目の he、the、of、to、his、and、wood、back のように短い音節もあれば、tied、bird、turned、crackled のように、長い音節もあります。これらの語はすべて1音節でできています。

「もちろん」タヌキは言います。

　タヌキは薪の入ったかごを背中に担いで山を降りはじめます。ウサギはうしろからついて行きます。そして、火打石を打ちはじめました。カチッ、カチッ！　ウサギはかごの薪に火をつけようとしているのです。

　「おいウサギ。そのカチッ、カチッって音は何の音だ？」タヌキは聞きます。

　「別に。ただ、カチカチ山からきたカチカチ鳥がいるだけよ」とウサギは応えます。

　「なるほど。俺さまもそんなことは知ってたよ」タヌキはそう言いました。

かちかち山

99

Soon a spark from the rocks landed on the wood, and the wood started burning. It crackled as it burned.

"Say, Rabbit, what's that 'crackle, crackle' sound?"

"Oh, that's nothing. It's just the Crackle Crackle Bird from Crackle Crackle Mountain."

"Oh, right," said the tanuki. "I already knew that."

After a while, he began to feel the heat of the fire on his back.

"Say, Rabbit, it's hot today, isn't it?"

There was no answer.

音読のポイント

「パチパチ」という擬音は英語では Crackle Crackle になります。音をイメージして、それぞれ一音節で言ってください。

やがて火打石の火花が薪に移り、薪は燃えはじめ、パチパチ
と音を立てます。

「おいウサギ。このパチパチって音は何の音だ？」

「別に。ただ、パチパチ山からきたパチパチ鳥がいるだけよ」

「なるほど。俺さまもそんなことは知ってたよ」

　しばらくすると、タヌキの背中が熱くなります。

「おいウサギ。いやに暑くないかい、今日は？」

　誰もそれには応えません。

かちかち山

"Rabbit?"

The tanuki turned to look back. He didn't see the rabbit, but he saw the fire.

"Help!" he shouted. "I'm burning!"

And he ran toward the river as fast as he could go.

The next day, the rabbit returned to the Mountain in Back. She was carrying a bag full of red hot pepper paste. The tanuki came out of his hole and stopped her.

 音読のポイント

　toward は前の to にアクセントを置いてもかまいません。音声のように、ward にアクセントを置くと、war の音は、「ワー」ではなく「ウォー」になります。war は「ウォー」と覚えてください。"Star Wars"（スターウォーズ）という映画がありましたね。

「おいウサギ？」

　タヌキはふり返りますが、ウサギはどこにもいませんでした。そのかわりそこには火が。

「助けてくれ！」タヌキは叫びます。「燃えちゃうよ！」

　タヌキは大急ぎで川に向かって走りだします。

　さらにその次の日、ウサギは裏山にもどってきました。ウサギは練った唐辛子をいっぱい袋に入れて持ってきました。タヌキは穴から出て、ウサギを呼びとめます。

かちかち山

"Where did you go yesterday, Rabbit?" he said. "The wood caught fire! It burned all the hair off my back! It hurts!"

"I went to get this medicine," said the rabbit. "It's the best thing for burns."

"Oh, please put it on my back!" said the tanuki.

"Turn around," the rabbit said. She painted a thick coat of pepper paste on the tanuki's burns.

"OH!" shouted the tanuki. "OH! THAT'S HOT!"

"Be strong," the rabbit said and smiled. "I'm sure you'll feel better tomorrow."

 音読のポイント

　thick は舌先を上の歯にあててしっかり th の音を発音してください。くれぐれも sick にならないように。coat の音にも注意。「コーティング」や「レインコート」の coat ですが、「コート」ではなく、「コウ t」と発音します。oa は /ou/（オウ）と発音します。ルールはいくつかの例外を除いてほとんどすべての単語にあてはまるので、覚えておいてください。boat (p.106) も同様。「ボート」ではなく「ボウ t」です。これに対して、2 行目の caught の au は「オー」と発音します。必ず覚えて、「オウ」と「オー」をきちんと発音し分けて読んでください。

「昨日はどこに行ってしまったんだ？　ウサギ」タヌキは言います。「薪に火がついて、俺の背中の毛を焼いてしまった。痛いじゃないか」

「薬をとりに行ったのよ。やけどに効く薬をね」とウサギは答えます。

「そうか。それを背中につけてくれ！」タヌキはそう言いました。

「向こうを向いて」ウサギはそう言うと、タヌキのやけどのあとに、練った唐辛子をしっかりと塗りつけます。

「おお！　熱々！」タヌキは叫びます。

「我慢しなさい。明日にはまちがいなくよくなっているわ」ウサギはそう言って笑いました。

かちかち山

And she hurried back down the mountain.

The next morning, the tanuki found the rabbit down by the river. She was building a boat out of wood.

"Hello, Tanuki!" she said. "Do you feel better today?"

"I guess so," said the tanuki. "But last night I was in such pain!"

"That's good," said the rabbit.

"What are you doing?" the tanuki asked her.

 音読のポイント

　oh、hello、so どれもおなじみの単語ですが、ちょっと発音に気をつけると、ぐっと英語らしくなります。それは /ou/ という二重母音。「おー」ではなくて「オウ」、「ハロー」ではなく「ヘロウ」、「ソー」ではなく「ソウ」と、しっかり「オウ」という二重母音を発音することで、英語の発音になります。o で終わる語や音節の o は「オウ」と読む、というルールがあります。go もそうです。「ゴー」でなくて「ゴウ」。

そしてウサギは急いで山へともどってゆきました。

その次の朝、タヌキはウサギが川に降りてゆくのを見つけます。ウサギは木を使って舟を作っていたのです。

「タヌキさん！ 少しはよくなった？」ウサギは聞きます。

「ああ、まあね。でも昨日の夜はとても痛くてたまらなかったぞ」

「それはよかったわ」

「何をやってるんだ？」タヌキはたずねます。

かちかち山

107

"I'm building a boat."

⑩
"How come?"

"Well, I want to catch the big fish in the middle of the river."

"Oh! I want some big fish too! Can I build a boat?"

"Sure," said the rabbit. "But you're much heavier than I am. You should make your boat out of mud."

"Oh, right," said the tanuki. "I already knew that."

音読のポイント

　このページにも boat が何回か出てきます。p.104 のとおり、「オウ」の音をしっかり意識してください。p.110 に出てくる bowl、both、rode、cold の下線部の音も「オウ」です。

「舟を作ってるの」

「なぜさ？」

「だって、川の真ん中で大きな魚を捕まえたいからよ」

「そうか。俺も大きな魚がほしい。舟を作っていいかい？」

「もちろん」ウサギは応えます。「でもあなたは私よりずっと重いわね。泥で舟をつくらなきゃ」

「なるほど。俺さまもそんなことは知ってたよ」そうタヌキは言いました。

かちかち山

So the tanuki took mud from the bank of the river and made a boat. It was shaped like a big bowl. When both boats were finished, the rabbit and the tanuki rode them out to the middle of the river. The water was cold and deep there, and the tanuki's boat of mud began to fall to pieces.

"Help!" he shouted. "Rabbit, save me! I can't swim!"

But the rabbit just turned her wood boat around and headed for land.

The sun was low in the sky when she got back to the old farmer's house. The farmer was sitting on the front step.

 音読のポイント

fall は「オー」という母音で、al は「オー」と読むのがルールです。all、tall、call、hall なども同じです。low、old、go (p.112 最終行) の下線部は「オウ」と発音します。low の ow は「オウ」なのに、p.112 に出てくる down の ow は「アウ」と読みます。ow は「オウ」または「アウ」と読むというルールがあります。around の ou も ow と同じ。「アウ」と読みます。綴りと発音は密接な関係があります。基本的なルールを覚えておくと発音も正確になります。

そしてタヌキは川岸の泥で舟を作ります。それは大きなお椀のような舟でした。ウサギとタヌキは舟ができあがると、さっそく川の真ん中まで漕いでいきます。そこの水は冷たくて、とても深いのに、タヌキのどろ舟は、壊れはじめます。

　「助けてくれ！」タヌキは叫びました。「ウサギ、助けて。俺は泳げないんだ！」

　しかし、ウサギは木で作った舟をあやつって岸へと引き返すだけ。

　ウサギがお百姓のおじいさんの家に帰ってきたとき、すでに日も暮れかけていました。おじいさんは家の入りぐちに座っています。

かちかち山

111

"That tanuki will never hurt anyone again," she told him.

The old man said nothing, but put his hand on the rabbit's head. And together they watched the sun go down.

「あのタヌキはもう誰にも悪さはできないわ」ウサギはおじいさんに言います。

おじいさんは何も言わず、手をウサギの頭にのせました。そして一緒に太陽が沈んでいくのを見るのでした。

かちかち山

覚えておきたい英語表現

① look like ~ 「～のように見える、～のように思える」

A tanuki looks like a cross between a raccoon and a dog.
(p.84, 5-6行目)

タヌキはアライグマと犬をかけ合わせたような動物です。

直訳 タヌキはアライグマと犬をかけ合わせたように見える。

＊「(外見から)～のように見える」という場合に使います。また、likeを省略することもあります。

This photo doesn't look like you at all.
この写真は君に全然似ていないね。

This looks (like) an interesting novel.
≒ This novel looks interesting.
これは面白そうな小説だね。

② enough is enough
「もうたくさんだ、それでおしまいにしよう」

He loved animals, but enough was enough.
(p.86, 下から3-2行目)

おじいさんは動物が好きでしたが、このやり方はあんまりです。

＊That's enough.「もういい、十分だ」という言い方もあります。

I'm saying enough is enough.
私はもうたくさんだ、と言っているのよ。

The parliament must wake up. We must stand up and say enough is enough.
議会は目を覚ますべきだ。我々は立ち上がって、もうたくさんだというべきだ。

③ keep an eye on ～
「（人・物・事）を見張る、注意深く観察する」

Keep an eye on him, and don't fall for any of his tricks.
（p.88, 下から7-6行目）

ちゃんと見張っていてくれよ。こいつにごまかされないように。

＊ an eye は「監視の目、注視」の意味で、「目の働き」が問題になっているので、単数形で使います。

Would you mind keeping an eye on the baggage?
荷物から目を離さないようにしていてくださいませんか？

Keep an eye on the child.　子供から目を離さないで下さい。
（Never take your eyes off the child. とも言えます）

④ go with ～「～に合う、調和する」

She wanted to make millet cakes to go with the tanuki soup.（p.90, 2-4行目）
おばあさんはキビ餅をタヌキ汁に入れようと思ったのです。
直訳 彼女はタヌキ汁に合うようなキビ餅を作りたかったのです。

I needed something to go with the soup I made.
私が作ったスープに合うような何かが必要だった。

I'll buy some pretty drop earrings to go with the dress.
私はその服に合うようなきれいなしずく形のイヤリングを買うつもりです。

かちかち山

115

覚えておきたい英語表現

⑤ **let me** ＋動詞の原形「私に〜させてください」

> Please let me help you. （p.90, 9行目）
> おばあさんの手伝いをさせて下さい。

＊letは過去形もletです。

> Father let me drive his car.
> 父は私が父の車を運転するのを許してくれた。
> （Father allowed me to drive his car. と言うこともできます）

> Let me sleep on it, will you?
> それについては、一晩考えさせていただけませんか？

⑥ **not know what to do**「どうすればよいかわからない」

> He didn't know what to do. （p.94, 2行目）
> おじいさんはどうしていいかわかりませんでした。

＊be at a loss what to do という類似表現もあります。

> I don't know what to do with him.
> 彼にはお手上げだ。

> Not knowing what to do, I remained silent.
> どうしていいかわからなかったので、私は黙っていた。

> As I was at a loss what to do, I asked my teacher for advice.
> どうしたらいいかわからなかったので、先生に助言を求めた。

⑦ **get away with ～**
「(悪事など)を(罰せられずに)うまくやってのける」

He won't get away with this! (p.94, 最終行)
きっと敵(かたき)はとってあげるからね。

I'm not going to let you get away with it.
あなたの好き放題にはさせないよ。

You won't get away with it next time!
今度違反したらただでは済まないぞ！

⑧ **that's nothing** 「べつに大したことではない」

"Oh, that's nothing," said the rabbit. (p.98, 下から5行目)
「べつに」とウサギは言いました。

That's nothing to get so excited about.
それはそんなに大騒ぎするようなことじゃないよ。

A: What's wrong?　　　どうしたの？
B: That's nothing.　　何でもないよ。

かちかち山

117

⑨ catch fire 「火がつく」

> The wood caught fire!（p.104, 2行目）
> 薪に火がついた！

＊catch (on) fire という言い方もあります。fire は数えられない名詞なので a はつきません。また、「状況が活気を呈する、成功する」という意味もあります。

> Wooden houses catch fire easily.
> 木造家屋は火がつきやすい。

> A restaurant caught fire and burned down, leaving a heap of ashes.
> レストランから出火して、灰の山を残して全焼した。

> After that double the team caught fire.
> その二塁打で押せ押せムードになった。

⑩ how come 「なぜ」

> How come?（p.108, 2行目）
> なぜ？

＊しばしば、驚きや腑に落ちない気持ちを表します。why とほぼ同じ意味ですが、why と違って、主語＋動詞は倒置しません。

> How come she was so unhappy?
> (≒ Why was she so unhappy?)
> 彼女はなぜあんなに落ち込んでいるのだろう？

> How come John got a prize and not me?
> ジョンが賞を取って僕は取れなかったというのはどういうことだ？

Long, long ago, a kind old man and woman lived in a little village somewhere. Sadly, these nice old people had no children. But they had a dog they loved very much. The dog was white, and his name was Shiro. Shiro was almost like a son to the kind old couple.

Now, another old man and woman lived next door. And this old man and woman were not so nice. In fact, they were greedy and mean. They cared only about themselves, and they didn't like their neighbors. They didn't like Shiro, either. Sometimes they even threw rocks at the poor dog.

 音読のポイント

英語では、重要な意味を持つ単語が強調されます。特に、Sometimes they even threw rocks at the poor dog. では、even、threw、rocks、poor dog が意味の中心なので、それぞれをやや強めに発音すると、より伝わりやすくなります。even は予想外の出来事を表すので少し強調し、threw rocks は動作の中心となるため、特に threw をはっきり発音しましょう。また、poor dog は「かわいそうな犬」という感情を込めて読むと効果的です。

昔々、ある小さな村に、とても親切なおじいさんとおばあさんが住んでいました。でも、そのお似合いの二人には残念なことに子どもがいません。そんな二人は一匹の犬をとてもかわいがっていました。白い犬だったので、シロと名づけました。二人にとって、シロはまるで息子のようでした。

　ところで、その隣には、もう一組のおじいさんとおばあさんが住んでいました。でもその二人はあまり良い人たちではありません。それどころか二人は欲ばりで意地悪で、自分たちのことしか考えていません。そして、二人はお隣が嫌いで、シロのことも嫌いでした。かわいそうに、時々二人はシロに石を投げたりしていました。

花咲かじいさん

121

One day, as always, the kind old man went out to work in his field. Shiro went with him. The old man turned the ground with his hoe, while Shiro ran around and enjoyed all the different smells. Suddenly Shiro stopped in one corner of the field, under a big tree, and started to bark.

"Hoe here! *Arf! Arf!* Hoe here!"

"What is it, Shiro?"

When the kind old man dug into the ground in front of Shiro, his hoe hit something hard. It was a heavy wooden box. And, ② to the old man's great surprise, the box was full of gold coins!

 音読のポイント

　文のどこにアクセント（文強勢）があるか、注意して音声を聴いてみましょう。アクセントのあるところは強めに、はっきり長く高く発音します。これに対してアクセントが来ないところは、弱くあいまいに短く低く発音します。この強弱が、英語のリズム（プロソディ）を作ります。英語では長い音節も短い音節もありますが、強いところと強いところの間隔がだいたい同じなので、リズムが生まれるのです。ちなみに "What is it, Shiro?" で一番強く読まれたところは、is と Shi でした。

ある日、いつものように、親切なおじいさんは畑で仕事をしていました。シロも、おじいさんといっしょです。地面に鍬をいれているあいだ、シロは走りまわって、あちこちクンクンとにおいをかいでいます。突然、シロが畑の角にある大きな木の下で止まって吠えはじめました。

「ここ掘れワンワン。ここだよ！」

「どうしたシロ？」

　親切なおじいさんはシロの前の土を掘ってみます。すると鍬がなにか固いものにぶつかります。それは重たい木の箱でした。なんと、驚いたことに、箱は小判でいっぱいでした。

花咲かじいさん

123

Thanks to Shiro, the kind old man and woman were now rich. When the mean old man next door heard about this, he was not happy. His wife wasn't happy either.

"Why should those old fools have all the luck?" she said to her husband. "Go get that dog! He can find some treasure for us too!"

"Good idea," said the mean old man. He marched right next door, tied a rope around Shiro's neck, and pulled the poor dog out to his field.

"There must be treasure here too," he said. "Find it!"

 音読のポイント

　文強勢（文で強く読むところ）は、ふつう、「内容語」に置きます。内容語とは名詞、形容詞、疑問詞、動詞、副詞など、内容を表わす語、日本語で言うと、漢字で書いてあるような語です。文強勢が来ないのは、原則として「機能語」。冠詞、人称代名詞、関係詞、助動詞、be 動詞、前置詞、接続詞などで、日本語の格助詞のように、ひらがなで書かれるような語は、ふつう強く発音されることはありません。ただし、これはあくまで原則。どこが、はっきり強く高く読まれているか、音声を聴いて確認しながら、真似してください。

　強弱は交互に現れる傾向があります。いじわるじいさんのセリフ "There must be treasure here too." は、"There MUst be TREAsure here TOO." のように、大文字のところに強勢がきています。

シロのおかげで、親切なおじいさんとおばあさんはお金持ち
になりました。話を聞きつけたお隣のいじわるじいさんは、そ
のことが面白くありません。もちろんいじわるばあさんも同じ
です。

　「なんであんな愚かな年寄りが良いめにあうのじゃ？」いじ
わるばあさんはじいさんに言いました。「あの犬をさらってお
いで！　わしらにも宝を見つけてくれるに違いない」

　「それはいい」いじわるじいさんは言いました。いじわるじ
いさんは、隣に行って、シロの首に縄をまいて、かわいそうに、
むりやり自分の畑につれてゆきました。

　「ここにも宝があるはずじゃ。探さんかい！」

花咲かじいさん

125

The rope hurt Shiro's neck, and finally he let out a cry and fell down.

"This is the place, is it?" the mean old man said and started digging. He dug and dug, and finally he broke through to soft mud. He reached in with both hands, but he didn't find any gold—just mud and waste and strange little bugs. A terrible smell filled the air.

The mean old man was very angry. He jumped up and down and shouted at Shiro, and finally he picked up his hoe. He lifted it over the poor dog's head and brought it down as hard as he could. Shiro gave one little cry and died.

 音読のポイント

ご存じ付加疑問文。THIS is the PLACE, is IT? と、ここでは、いじわるじいさんのイライラした気持ちをあらわして、ふつう強勢を置かない代名詞 it までが強く読まれています。イントネーションも最後、上がっていますね。

縄はシロの首をしめるので、ついにシロは大声をあげて、倒れてしまいます。

　「ここじゃな？」いじわるじいさんは、そこを掘って掘って、ついに柔らかい泥まで鍬をいれました。いじわるじいさんは、両手でそれをすくいますが、そこには黄金はありません。そこにあったのは泥とゴミ、そして小さな虫ども。ひどい臭いがしているではありませんか。

　いじわるじいさんは、とても腹をたて、地団駄を踏んで、シロを叱りつけます。そしてついに鍬を手にとりました。いじわるじいさんは、鍬を振りあげて、思いきりシロの頭をたたいたのです。かわいそうなシロは一哭きすると、死んでしまいました。

花咲かじいさん

127

When the kind old man and woman found out about this, they were very sad. Both of them cried as they carried Shiro's body home. They dug a grave for him in one corner of their garden. Then they planted a little pine tree on top of the grave.

And what do you think happened next? The tree began to grow, right before their eyes. It grew and grew and grew, until it was taller than the house and too big to reach around.

"It's a present from Shiro!" the kind old man said. "With all this wood, we can cook and keep warm for the rest of our lives. And what a beautiful mortar the trunk will make!"

"Oh, yes! Please make a mortar, dear," said the kind old woman. "We can use it to prepare rice cakes. Shiro always loved rice cakes!"

 音読のポイント

It grew and grew and grew, という箇所は It GREW and GREW and GREW, と大文字の所が強く、ゆっくり、はっきり読まれ、It と and は弱く、省エネモードになっています。強弱が交互に現れるリズムが実感できたら、次はイントネーション。It GREW ↗ and GREW ↗ and GREW ↘ , 上がったり下がったりの感覚をつかんでください。grew の発音は「グリュー」ではありません。ew が l や r の後ろに来ると、「ウー」になります。

親切なおじいさんとおばあさんはそのことを知ると、とても悲しみました。二人とも泣きながら、死んでしまったシロを家につれて帰りました。そして、庭の角に、シロの墓を掘りました。そしてその墓の上に小さな松を植えたのです。

　すると何がおこったと思います？　なんと木が二人の目の前で、どんどん大きくなるではありませんか。どんどん伸びて、家より高く、手を伸ばしてもかかえられないほど大きくなりました。

　「これはシロの贈りものじゃ」親切なおじいさんは言いました。「この木を使えば、これから死ぬまで料理をしたり、暖をとったりできる。幹を使えばきっとすばらしい臼ができるにちがいない！」

　「そうですね。臼を作ってくださいな、おじいさん」親切なおばあさんは言いました。「それでお餅をつくりましょう。シロがとても好きだったお餅を！」

花咲かじいさん

129

So the old man cut the tree down and made a mortar out of the trunk. When it was ready, he brought it into the kitchen. The old woman put some rice in the bowl of the mortar, and they each picked up a mallet.

"This is for you, Shiro!" they said and began pounding the rice. And what do you think happened? Each time they lifted their mallets, they saw more rice in the mortar. In no time at all, the mortar was full, and still the rice kept coming. Soon the whole kitchen was filled with rice.

"It's a present from Shiro!" said the kind old woman. "Now we'll never be hungry again!"

 音読のポイント

trunk の u は上を向いて「アッ」と言った時の音によく似ています。man や happened の a の音は、嬉しそうに「えっ？」と言い、そのまま顎を落とします。口がカパッと開きますよね。その口の形で出る音が a の音です。u の「ア」の音より、少し長めに発音されます。

そこで、おじいさんは木を切って、幹から臼をつくりました。臼ができると、おじいさんはそれを台所にもってゆきます。おばあさんがお米を臼にいれて二人はそれぞれに杵を手にとります。

　「これはシロへの贈りもの！」二人はそう言って、餅つきをはじめました。すると何がおこったと思います？　杵を持ち上げるたびに臼のお米が増えているのです。あっという間に、臼はお米でいっぱいに。それでもお米が湧いてきます。まもなく台所はお米でいっぱいになったのです。

　「これはシロからの贈りものじゃ。これでわしらはずっと食べていける」親切なおばあさんは言いました。

花咲かじいさん

131

When the mean old woman next door heard about this, she was very angry. Her husband was angry too.

"Why should those old fools have all the luck?" he said. "I'm going to borrow that mortar!"

And he marched right next door, turned the mortar over, and rolled it to his house. He set it up in the kitchen, and his wife put some rice in the bowl. Then they both picked up mallets and started pounding. And in no time at all, the mortar was full—of mud and waste and strange little bugs! A terrible smell filled the house.

音読のポイント

　hungry (p.130) と angry。日本人にはよく似て聞こえます。違いは h だけ？ いいえ。u と a の音の違いをしっかり区別してください。u の音は、口をあまり開けずに、上を向いて「アッ」と言った時の音によく似ています。

　marched と started の ar と turned の ur の音の違いに気をつけて。ar はあくびの口のかたち。ur は「あ〜やだな〜」の「ア〜」でしたね。

　でも mortar は or にアクセントがありますから、ar は「ア〜」を軽く発音した音になります。

お隣のいじわるばあさんはその話を聞くと、とても腹をたてました。いじわるじいさんも一緒です。

　「なんであんな愚かな年寄りばかりが良いめにあうのじゃ」じいさんは続けます。「あの臼を借りてくることにしよう」

　じいさんは隣に行って臼を取りあげると、それを家に転がしてゆきました。そして台所において、いじわるばあさんがお米をそこに入れました。そして二人は杵を振りあげて、餅つきをはじめたのです。するとまもなく、臼は泥やゴミ、そして小さな虫たちでいっぱいになったのです。家中がひどい臭いに包まれます。

花咲かじいさん

133

The mean old couple were very angry. They jumped up and down and shouted, and finally the mean old man picked up his axe. He cut the mortar into little pieces and threw them in the fire.

When the kind old man came to get his mortar, nothing was left but ashes. He filled a basket with the ashes and sadly carried it home.

"We should leave the ashes on Shiro's grave, dear," said his wife.

音読のポイント

axe、ashes、basket、sadly、carried の a も p.132 の a と同じ音です。この音がきれいに出ると、ぐっと英語っぽくなります。

いじわるじいさんといじわるばあさんは、とても腹をたて、地団駄を踏んで怒鳴ります。そしてついにいじわるじいさんは斧を手にとって臼を細かく割って、火の中に放りこみました。

　親切なおじいさんが臼を返してもらいにくると、そこにはただ灰があるだけ。おじいさんは籠いっぱいに灰をいれると、悲しみながらそれを家に持って帰りました。

　「灰をシロの墓にまいてやりましょう、おじいさん」おばあさんは言いました。

花咲かじいさん

135

The kind old man agreed. But when he stepped outside, a sudden wind came along. It blew some of the ashes on to the fruit trees. And what do you think happened next?

It was the middle of winter, and all the trees were dead and bare. But when the ashes landed on them, the trees were suddenly covered with flowers.

"The ashes turned to blossoms!" cried the kind old woman.

"It's another present from Shiro!" the old man laughed.

 音読のポイント

p.134 に出てくる a と、agreed、along、another の a は、違う音です。あいまい母音といわれ、口をあまり開けず、短く弱く、脱力モードで発音します。axe の a と agree の a、同じ a なのに、何故音が違うのでしょう。実はアクセントが関係しています。a にアクセントが来ると、にっこり口を横に広げて顎を落とした口の「あ」の音。アクセントが来ないとあいまい母音になります。綴りが、a、i、u、e、o のどれでも、また、mountain の ai なども、アクセントが来なければあいまい母音になります。大切なのは、アクセントのある母音をはっきり発音することです。

親切なおじいさんはおばあさんに賛成です。ところがおじい
さんが外に出ると、突然風が吹いたので、灰が果物のなる木へ
と吹き飛ばされてしまったのです。すると何がおこったと思い
ます？

　それは真冬のことでした。木々はみんな枯れて枝だけになっ
ています。そこに灰が降りかかると、なんといきなり木々は花
でいっぱいです。

　「灰が花に様がわり！」おばあさんはびっくりです。

　「これもシロの贈りもの！」おじいさんも笑っています。

花咲かじいさん

He was so happy that he did a little dance. Then he carried the basket out into the village. As he walked along, he threw ashes into the air. Plum trees, peach trees, and cherry trees flowered behind him.

"I'm Grandfather Flowers!" he cried. "My ashes turn to blossoms!"

Now, just at that time, a great lord happened to be passing through the village. He and his men were riding their horses back to the castle after a long trip.

"What is the meaning of this?" his lordship asked the kind old man. "Why do you call yourself Grandfather Flowers?"

音読のポイント

やさしいおじいさんのセリフ "I'm grandFAther FLOwers!" は、大文字のところが強くはっきり読まれています。これに対し、いじわるじいさんの同じようなセリフが p.140, 下から 2-1 行目にあります。"I'm the real Grandfather Flowers!" では、「私こそは」という意味を込めて、I'm が一番強く読まれているのに気付きましたか。このように、対比を表わす時は、ふだんアクセント（強勢）を置かない人称代名詞でも、強く読まれることがあります。

おじいさんはとてもうれしくなって、少しばかり踊ります。籠を持って村に出て、灰を空中にまきながら歩いてゆきました。すると、スモモの木、桃の木、そして桜の木と、どの木も皆花ざかり。

　「私は花咲かじじい！」おじいさんは叫びます。「枯れ木に花を咲かせましょう！」

　ちょうどそのとき、大殿さまが村を通りかかりました。大殿さまとその配下の人たちは長い旅をおえて、馬に乗ってお城に帰るところでした。

　「どうしたというのじゃ？」大殿さまは、親切なおじいさんに聞きました。「何故そちは花咲かじじいと申しているのじゃ？」

花咲かじいさん

139

"I'll gladly show you, your lordship."

The kind old man climbed a dead cherry tree. He threw some of the ashes into the air, and suddenly the tree was full of flowers.

"Wonderful!" cried his lordship. "Give this old man a bag of gold coins!"

Just then, the mean old man ran up. He took the basket from his neighbor.

"I burned the wood to make these ashes!" he shouted. "That gold belongs to me! I'm the real Grandfather Flowers! Just watch!"

「大殿さまに喜んでお見せ申しあげます」

親切なおじいさんは、枯れた桜の木にのぼり、少し灰を撒きました。すると木はたちまち花でいっぱい。

「みごとじゃ！」大殿さまは叫びました。「この年寄りに金貨を授けよ！」

ちょうどそのとき、いじわるじいさんが走ってきて、親切なおじいさんから籠を取りあげると、

「私めが、木を焼いて、この灰をつくりましたのじゃ！」と大きな声で言いました。「この金は私めのものでございます。私めが本当の花咲かじいにございます。ご覧あれ！」

花咲かじいさん

141

The mean old man ran to a dead peach tree and threw all the ashes into the air. But a sudden wind came along and blew the ashes right in his lordship's face!

His lordship was very angry.

"Put this fool in chains!" he told his men.

They took the mean old man back to the castle and locked him in jail. And that's where he stayed for a very long time.

音読のポイント

The mean old man ran to a dead peach tree and threw all the ashes into the air. 一息で言うには長すぎますし、聞きづらいですね。どこで息継ぎしますか。息の切れ目は、意味の切れ目。意味のかたまりをよく考えて、ポーズを置きます。／（スラッシュ）を入れると、読みやすくなります。The mean old man / ran to a dead peach tree / and threw all the ashes / into the air.// 長い文は、まずスラッシュを入れて、音読練習してみましょう。

いじわるじいさんは枯れた桃の木にのぼって、残った灰をみ
んな撒きちらしました。ところが風が突然吹いたかと思うと、
灰はまさに大殿さまの顔にかかります。

　大殿さまはとても怒りました。

「この馬鹿ものを鎖につなげ！」大殿さまはそう命令します。

　いじわるじいさんは、お城につれていかれ、牢屋にいれられ、
そこに長いあいだ閉じこめられていたということです。

① **in fact**「いや実際は、それどころではなく（さらに）」

> In fact, they were greedy and mean.（p.120, 下から4行目）
> それどころか、二人は欲ばりで意地悪でした。

＊普通否定文の後ろにおいて、前言を強調するのに使います。

I didn't like him much – in fact I hated him.
私は彼があまり好きではなかった、それどころかむしろ憎んでさえいた。

Imagine my surprise when she didn't know what I was talking about. In fact, she didn't even know who I was.
私が何について話しているのか彼女がわかっていなかったときの私の驚きを想像してみて下さい。それどころか、彼女は私が誰であるかさえわかっていなかったんです。

② **to one's surprise**「～が驚いたことには」

> And, to the old man's great surprise, the box was full of gold coins!（p.122, 下から2-1行目）
> そしておじいさんがすごくびっくりしたことには、箱は小判でいっぱいでした。

＊one's と surprise の間に、great や pleasant などの形容詞を入れることもできます。
much to one's surprise「～が非常に驚いたことに」という形もあります。

To my surprise, they misunderstood what I said.
びっくりしたことに、私の言ったことが人々に誤解された。

To her great surprise, he came back the next day.
(≒ Much to her surprise, he came back the next day.)
彼女がとても驚いたことには、彼は次の日に帰ってきた。

③ make A out of B「AをBから作る」

So the old man cut the tree down and made a mortar out of the trunk.（p.130, 1-2行目）

そこでおじいさんは木を切り倒して、幹から臼を作りました。

＊Bには材料（質が変化しないもの）がきます。outを省略して make A of B（材料）のかたちもあります。Bが原料（質が変化するもの）の場合はmake A from B（原料）の形になります。

We made sandwiches out of the leftovers.
私達は残り物でサンドイッチを作った。

This house is made（out）of wood.
この家は木造です。

We made cheese from fresh goat-milk.
私達はヤギのミルクでチーズを作った。

④ be filled with ～「～でいっぱいである」

Soon the whole kitchen was filled with rice.
（p.130, 下から3行目）

まもなく台所はお米でいっぱいになりました。

＊be full of ～と表現することもできます。

We were filled with envy at her reputation.
私達は彼女の名声をうらやむ気持ちでいっぱいだった。

Modern society is filled with necessary evils, or risks that must be taken.（≒Modern society is full of necessary evils, or risks that must be taken.）
近代社会は必要悪、すなわち冒さねばならない危険に満ちている。

花咲かじいさん

⑤ pick up A 「Aを手に取る」

And finally the mean old man picked up his axe.
（p.134, 2-3行目）
そしてついにいじわるじいさんは斧を手に取りました。

＊Aが名詞の場合は、pick up A や pick A up の形もありますが、it などの代名詞の場合は pick up A の形はありません。

【彼女はコインを床から拾い上げた。】
○ She picked a coin up from the floor.
○ She picked up a coin from the floor.

【彼女はそれを床から拾い上げた。】
○ She picked it up from the floor.
× She picked up it from the floor.

⑥ happen to 動詞の原形「たまたま～する」

Now, just at that time, a great lord happened to be passing through the village. （p.138, 下から7-6行目）
ちょうどそのとき、大殿様がたまたま村を通りかかりました。

＊happen to ＋ 人 は「人に～が起こる」という意味です。

He happened to be at the crash scene.
彼はたまたまその衝突現場に居合わせた。

They happened to be the same view of it.
彼らの考えは期せずして一致した。

I felt really sorry about what had happened to her.
彼女にあんなことが起こって本当に気の毒に思いました。

一寸法師

ISSUN BOSHI

Long, long ago in Naniwa, there lived a young man and his wife. They were both good people, and they loved each other very much. But, sadly, they had no children. One day they went to Sumiyoshi Shrine to pray.

"Won't you send us a child?" they asked the god of the shrine. "Just one little child of our own, no matter how small!"

And what do you think happened? Some months later, the lady gave birth to a little baby boy. A very little one, in fact. This baby was no bigger than your finger. But he was healthy and full of life, and his parents loved him with all their hearts. They named him Issun Boshi.

 音読のポイント

　夫婦のセリフ "Won't you send us a child?" 一息で言うためには、前に述べた音法を思いだしてください。まず、音の連結。母音で始まる単語は、前の単語の最後の子音とくっついて発音されることがあります。音声では send-us-a とくっついて聞こえると思います。また、you もしばしば前の子音と同化しますので、Won't-you（ゥオウンチュ）のようになります。Thank you も一語のように言いますよね。それと同じです。

昔々、浪速に若い夫婦が住んでいました。善良な二人はとても仲がよかったのですが、残念ながら子どもがいません。そこである日、二人は住吉神社にお参りに行きました。

　「どうか子どもが授かりますように」二人は神さまにそうお祈りをしました。「どんなに小さな子どもでも構いません、一人子どもを授けてください」

　するとどうでしょう。数ヵ月ほどして、妻が小さな男の子を生んだのです。実際にそれはとても小さな子どもでした。赤ん坊は指ほどの大きさもありません。でもとても元気で生き生きとしていました。二人は心からその子を大切にし、一寸法師と名づけました。

Issun Boshi means "Little One Inch." By the time he reached the age of five, Issun Boshi was still only an inch tall. The same was true at seven, and even at ten and twelve.

It wasn't easy being so different from other children. But when the others laughed at his size, Issun Boshi only laughed along with them. He was kind to all and always smiling. In other words, he had a very big heart.

He also had big dreams. One day, Issun Boshi went to his parents and bowed deeply.

"Mother, Father," he said, "I want to go to the capital."

with の th と them の th。同じ音が続きます。そんなときは、片方の音を省略します。これを音の「脱落」といいます。

One day, Issun Boshi went to his parents and bowed deeply. ここでも「脱落」という現象がみられます。同じ子音が続くと、前の子音が脱落して聞こえません。went to や bowed deeply のところです。wen-to、bow-deeply のように発音します。同じ子音を続けて速く言うのは大変ですから、この方が楽ですよね。

一寸法師とは、「一寸足らずの小さな子」という意味です。
一寸法師は5歳になりましたが、それでも背は一寸しかありま
せん。7歳になっても、10歳になっても、そして12歳になっても。

　他の子と違うことは、子どもにとっては大変です。でも、他
の子がチビだといって笑うと、一寸法師も一緒になって笑うの
です。一寸法師は誰にでもいつもやさしく、にこにこしていま
す。そう、一寸法師の心はとても大きかったのです。

　一寸法師は大きな夢を持っていました。ある日のこと、一寸
法師はお父さんとお母さんのところに行って、深く頭を下げま
した。

　「父上、母上。私はこれから都に行きたいと思います」一寸
法師はそう言いました。

"To the City of Kyo?" said his mother. "All by yourself?"

"Yes," said Issun Boshi. "They say it's the most wonderful place in all Japan. I want to try my luck there."

"But you're so young…"

His parents didn't want their dear boy to go, but at last they agreed.

"Very well, son," his father said. "We always taught you to ⑥follow your heart. Go to the capital and become a great man."

"Thank you, Father!"

音読のポイント

　会話の疑問文では語尾を上げて母の心配や驚きを表現しましょう。具体的には、To the City of Kyo? は「トゥ・ザ・シティ・オブ・キョー？」と Kyo を高く上げ、All by yourself? は「オール・バイ・ユア セルフ？」と self を上げて驚きを、But you're so young … は「バット・ユア・ソー・ヤング…」と young を少し上げつつためらいを込めて音読してください。

「京に行くとな。一人でかい？」お母さんはそうたずねました。

「はい。そこは日本で最もすばらしいところだと聞いています。そこで運を試してみたいのです」一寸法師はそう答えました。

「しかし、お前はまだ子どもじゃないか……」

二人はかわいい我が子に旅に出てほしくはありません。しかし、とうとう二人は一寸法師に説得されてしまいました。

「わかったぞ。息子よ」お父さんは言いました。「私たちは、お前には自分の望みをあきらめないようにと教えてきた。都に行って、立派な人になりなさい」

「ありがとうございます。父上」

Issun Boshi was soon ready for his trip. His mother gave him her finest sewing needle to use as a sword, and she tied a straw to his belt to carry the sword in. His father gave him a soup bowl to use as a boat and a chopstick to use as an oar.

The next morning, they all walked down to the river together. Issun Boshi climbed into the soup bowl and pushed off with his chopstick. His mother and father waved goodbye.

"Good luck, son! Never stop believing in yourself!"

"Goodbye, Mother! Goodbye, Father! I'll become a great man, I promise!"

音読のポイント

sword の発音に注意。「スウォード」でなく「ソー d」に近い発音。w は黙字です。oar は日本語では「オール」で、all と同じになってしまいますが、英語では or と同じ発音。舌先は口のどこにもつきません。

The next morning, they all walked down to the river together. 下線部の音、よく似ていますね。前の ed は /t/ と発音しますし、後ろは d の音で始まっています。/t/ は息だけの音（無声音）で、/d/ は声の音（有声音）という違いはありますが、発音の仕方は同じです。このように、よく似た音が続く場合も、前の音が「脱落」します。walk-down のように聞こえます。

一寸法師はすぐに旅じたくを整えます。お母さんは、最も細い縫い針を刀として一寸法師にわたすと、藁を帯に結びつけて、刀の鞘にしてあげました。そしてお父さんは、一寸法師のためにお椀を持ってきて、舟にして、お箸でお椀の舟を漕いでゆくようにしてあげました。

　次の日の朝、皆で川まで歩いてゆきました。一寸法師はお椀の舟によじのぼり、それに乗ると、お箸で陸を押して川に出てゆきます。お父さんとお母さんは、手を振って別れを惜しむのでした。

　「気をつけるんだよ。自分を信じてな！」

　「母上、父上、おさらばです。必ず立派な人になって参ります！」

⑧Little by little, day after day, Issun Boshi pushed his soup bowl boat up the river. He met with strong winds and hard rains. More than once his little boat almost turned over. And more than once he had to fight off birds and fish. But he never gave up.

When at last he reached the City of Kyo, he thought he must be dreaming. The beautiful streets were filled with people and horses and carts, and the shops sold everything under the sun.

"The greatest city in Japan!" he thought. "It's just as wonderful as people say!"

He walked from Gojo, the fifth block, to Sanjo, the third. And there he came to the gate of a great big house.

音読のポイント

繰り返しのリズムとイントネーションを大切に。上がって下がります。Little ↗ by little ↘、day ↗ after day ↘、strong wind ↗ and hard rains ↘、birds ↗ and fish ↘、people ↗ and horses ↗ and carts ↘

少しずつ、くる日もくる日も一寸法師はお椀の舟をあやつって川をのぼってゆきました。時には強い風や大雨で、何度もお椀の舟はひっくり返りそうになりました。そして何度も鳥や魚を撃退しなければなりません。でも、一寸法師はあきらめませんでした。

　そしてついに京に着いたとき、一寸法師は夢を見ているようでした。きれいな通りは、人や馬や手押し車であふれんばかり。そして店々ではこの世にあるものはなんでも売っています。

　「日本一の町だ！」一寸法師は思いました。「皆が言っていたようにすごい町だ！」

　一寸法師は五条通りから三条通りへと歩いてゆきます。そして、大きな家の門までやって来ました。

一寸法師

"This must be the home of a very important man," he thought. "I'll ask if I can work for him!"

Issun Boshi marched right through the gate and all the way up to the big front entrance. He stood on the step and called out at the top of his voice:

"Excuse me!"

The Lord of Sanjo happened to be just inside the entrance. He heard the boy's shout and opened the door himself. But he couldn't see anyone.

"Down here, sir!" cried Issun Boshi.

Lord Sanjo was surprised to see such a small person.

 音読のポイント

音の「脱落」に加えて、音がほとんど聞こえなくなってしまう「非破裂化」という現象もあります。/p/、/b/、/k/、/g/、/t/、/d/ の6つの子音は、破裂音または閉鎖音と呼ばれ、息を一気に勢いよく出して発音するものですが、語句や文の最後に来ると、息を出さず(非破裂化)、音を閉めるようなかんじでほとんど聞こえなくなります。Good bye の d の音がそれです。

"This must be the home of a very important man."で、mustのtはかすかに聞こえますが、importantのtはほとんど聞こえません。でも、舌はちゃんとtの位置にあるので、tを言っていないというわけではないのです。無理に真似をすることはありませんが、少し速く言うようになると、こちらの方が楽なので、自然と非破裂化していきます。

「これはとても偉い人の家に違いない。ここで働けるか聞いてみよう」一寸法師は思いました。

一寸法師は、門からまっすぐ大きな玄関へと歩いてゆくと、そのすぐ前に立ち、出せるかぎりの大きな声で叫びました。

「ごめんください！」

三条の君はちょうど入り口のそばにいたので、子どもの大きな声を聞いて戸を自ら開けましたが、そこには誰もいません。

「こちらです！」一寸法師は叫びました。

なんと小さな子どもでしょう。三条の君はびっくり仰天。

一寸法師

"Who are you?" he said.

"I am Issun Boshi of Naniwa. I want to become a great man. May I work for you?"

Lord Sanjo laughed. He found this young man very interesting.

"I can use a man like you, Issun Boshi," he said. "Welcome!"

Issun Boshi soon became like a member of the great man's family. He worked and studied hard and always did his best at every job. Everyone liked him—especially Lord Sanjo's beautiful daughter, Ohime-sama. She thought Issun Boshi was the cutest thing in the world, and they soon became the best of friends.

 音読のポイント

Who are you? は Who ARE you? と are に文強勢を置きます。疑問文ですがイントネーションは最後、下がります。疑問詞で始まる疑問文はふつう最後が下がります。これに対して、May I work for you? は Yes No で答える疑問文ですから、最後は上がります。

「おまえは誰かえ？」

「私は浪速の一寸法師と申します。立派な人になりたいのです。お殿さまにお仕えできますでしょうか？」

三条の君は笑いだしました。とても面白そうな子に思えたのです。

「お前のような者をやとうとはな、一寸法師よ。望むところじゃ！」

一寸法師はすぐにこのお偉い方の一家の一員として迎えられました。しっかり働き、勉強し、いつも与えられた仕事は精いっぱいがんばりました。一寸法師は皆から好かれています。三条の君の娘でとてもきれいなお姫さまは、とくに一寸法師を気にいっていました。一寸法師はこの世で一番かわいいと、お姫さまは思い、二人はすぐによい友だちになりました。

一寸法師

Summer passed, and then autumn and winter. One day in spring, Ohime-sama said she wanted to see the cherry blossoms at Kiyomizu Temple. A group of young men and women agreed to go with her, and Issun Boshi joined them.

They were all walking through the forest on the way to the temple, when they heard a noise in the brush. Suddenly a big blue demon jumped out in front of them. This demon was the size of a horse and had red eyes and long, pointed teeth. It made a terrible noise and reached for Ohime-sama. She fell to the ground in a faint.

The other young men and women all turned and ran away at once. Issun Boshi alone was not afraid. He stood his ground, between the demon and Ohime-sama, and pulled out his needle sword.

"This lady is the daughter of Lord Sanjo!" he shouted. "Leave her alone, or I'll cut you down!"

 音読のポイント

　and は頻出語ですが、ふつう an しか聞こえません。d が非破裂化しているためです。音法の知識を使って、次の文を読んでみましょう。A group of young men an(d) women agree(d) to go with her, an(d) Issun Boshi join(ed) them. 下線部は連結したり、脱落したり、非破裂化したりしています。ちなみに with her の h の音は、とても弱くなって with-(h)er と1語のように聞こえます。he、his、him、her の h の音は、弱くなったり、発音されなかったりすることもあります。

夏が過ぎ、秋が来たかと思えば、もう冬です。そして春のある日、お姫さまは清水寺に桜を見にいきたいと言いました。若い男たちや女たちが一緒にお姫さまと花見に行きます。一寸法師も一緒でした。

　お寺に向かって森を歩いてゆくと、薮の中で音がします。突然大きな青鬼が飛び出してきて、一行の前に立ちはだかりました。鬼は馬ほど大きく、目は真っ赤、そして歯は長く尖っています。けたたましい音を出しながら、お姫さまのところにやってくるではありませんか。お姫さまは気を失って倒れてしまいました。

　他の男も女も皆一目散に逃げてゆきます。でも一寸法師だけは畏れませんでした。一寸法師は鬼とお姫さまのあいだに立って、あの針の刀を引きぬきます。

　「こちらは三条の君のお姫さまであるぞ。すぐに立ちされ、さもなければお前を打ちのめしてやる」一寸法師は叫びます。

一寸法師

163

The demon laughed.

"Why, you're not even big enough to make a good breakfast!" it said. It reached down and caught Issun Boshi between two fingers. Then it lifted him high in the air and dropped him into its mouth.

Issun Boshi found himself in a long, dark tunnel. But even now he wasn't afraid. He pushed the point of his sword into the soft wall of the tunnel. Then he pulled it out, and then he pushed it back in.

"My insides! They hurt!" the demon shouted and danced about. "Stop! You win!"

 音読のポイント

　fingers の ng は g の音をしっかり出してください。「わたしが」と言うときの、日本語のやわらかいガ行の音ではなく、「がっこう」と言うときの、かたいガ行の音です。
　聞こえなくなる子音ばかりを取り上げましたが、基本的に子音はしっかり発音してください。簡単そうに思われて意外とおろそかになりがちなのは、語尾の /n/ です。舌先をしっかり上の前歯の付け根につけてください。英語の /n/ = 日本語の「ん」ではありません。日本語の「ん」は /n/、/m/、/ng/ などいろいろなバリエーションがあります。さらに、「せんえん（千円）」と言うとき、「せん」の「ん」は舌をどこにもつけないで発音する微妙な音です。こんなに多種多彩な「ん」があるので、日本人はどうしても /n/ の音がいい加減になりがちです。だから、英語の /n/ が出てきたら、意識して、きっちり舌先を前歯の付け根につけてください。そうすれば、in a long, dark tunnel の in a は自然に連結して「イナ」となります。連結は、無理にくっつけるのではなく、語尾の子音をきちんと発音するから自然とつながる現象なのです。もうひとつ、tunnel は「トンネル」ではありません。しいて言えば「タ nl」。上を向いた「アッ」の音を思いだしてください。tunnel は 1 音節です。

164

鬼は笑いました。

「なんだと。お前は小さすぎて朝飯のおかずにもならぬなあ！」鬼はそう言うと二本の指で一寸法師をつまみあげました。そして、高く持ちあげたかと思うと、自分の口の中に放りこみます。

　気がつくと、一寸法師は、長くて暗いトンネルの中にいました。でも一寸法師はひるみません。刀の切っ先を、トンネルのやわらかい壁に突きさします。そしてそれを抜くとまた突きさしました。

「俺さまの中で、これは痛い！」鬼は叫んでころがりまわります。「やめろ！降参だ！」

一寸法師

Issun Boshi jumped back out of the demon's mouth and drove his needle into its foot. The demon cried and ran for its life.

Ohime-sama was awake now.

"I saw everything!" she said and looked at Issun Boshi with the light of love in her eyes. "My hero!"

"Oh, it was nothing," he said.

"You were wonderful!" she said. "But look!"

She pointed at a strange hammer on the ground.

"What is it?" said Issun Boshi.

 音読のポイント

Issun Boshi jumped back out of the demon's mouth and drove his needle into its foot. この文の息の切れ目はどこでしょう。リズムを作っている強勢はどこに置かれているでしょう。まず、考えてみましょう。それから、音声を聴いて確かめてください。こんなトレーニングも、初見の文を声に出して読むときに、役立ちますよ。

一寸法師は、鬼の口から飛びでると、鬼の足に針を突きたてました。鬼は泣きながら命からがら逃げてゆきます。

　お姫さまはそのときすでに気がついていました。

　「私はすべてを見ていました。私の命の恩人ね」お姫さまは愛しそうに一寸法師を見つめています。

　「とんでもございません」一寸法師は言いました。

　「あなたはすてきな方。おや、見てごらんなさい」

　お姫さまはそう言うと、地面にころがった奇妙な木づちを指さしました。

　「これはなんでしょう？」一寸法師が不思議に思うと、

"The demon dropped his magic hammer!" she said. "Any wish you make with this will come true!⑩ What do you wish for, my hero?"

Issun Boshi put his hand on the hammer and closed his eyes. When he opened them again, he was fully grown.

Ohime-sama's mouth fell open.

"Oh, Issun Boshi!," she said. "You're so tall! And so nice looking!"

Soon Issun Boshi was a famous and important man in the capital. He and Ohime-sama married and moved into a big house of their own. In time, they traveled to Naniwa and brought his parents back with them.

And they all lived happily ever after.

 音読のポイント

What do you wish for ↘, my hero ↗? p.160 で疑問詞で始まる疑問文は最後、下げ調子で、と言いましたが、ここでは my hero ↗ と上げて、やさしく尋ねる感じを出していますね。疑問詞で始まる疑問文でも、文末を上げ調子で言うと、やわらかい感じになります。
　これでいよいよ最後ですね。物語を閉じるおきまりの文句を、余情たっぷりに読んでみましょう。強弱のリズムに気をつけて。大文字のところに強勢を置いてください。

And they ALL lived HAppily Ever After.

168

「鬼が残した魔法の木づちですよ！」とお姫さまが言うのです。「木づちに願いを込めれば、なんでもかなえられるのです！あなたの願いはなんですか、私の大事な人」

　一寸法師は、木づちに手をおくと目を閉じました。そして目を開けると、一寸法師は大きくなっていたのです。

　お姫さまは口を大きく開けています。

「一寸法師。あなたはなんて背が高くてすてきな人なのでしょう！」お姫様は言います。

　すぐに一寸法師の名は都に知れわたり、都で出世しました。そしてお姫さまと結ばれて、大きな家に二人で越してゆきました。やがて二人は浪速に行って、一寸法師のお父さんとお母さんを都につれてもどりました。

　そして幾久しく幸せに暮らしましたとさ。

① **no matter how** ～「たとえどんなに～であっても」

> Just one little child of our own, no matter how small!
> （p.148, 7-8行目）
> どんなに小さな子どもでも構いません、一人子どもを授けたまえ！

＊～の部分には形容詞や副詞などがきます。

> Don't expect others to read your mind, no matter how long they've known you.
> どれほど長い付き合いであっても、言わなくてもわかってくれるだろうと期待してはいけない。

> No matter how old he gets, he's just a big baby.
> あの人はいくつになっても坊ちゃんだ。

② **no bigger than** ～「～ほどの大きさしかない」

> This baby was no bigger than your finger.
> （p.148, 下から4-3行目）
> この赤ちゃんは指ほどの大きさもありません。

＊小さいことを強調する表現です。類似表現として as small as ～ があります。

> The video camera is no bigger than my hand.
> （≒ The video camera is as small as my hand.）
> そのビデオカメラは私の手と同じくらいの大きさしかない。

> The world's smallest 3D printer is no bigger than a carton of milk.
> 世界最小の3Dプリンターは牛乳パックほどの大きさしかありません。

③ **full of life**「元気いっぱいで」

But he was healthy and full of life.（p.148, 下から3-2行目）
でもとても元気で生き生きとしていました。

＊「(町などが)にぎやかで」という意味もあります。

At the age of 90, he is still full of life.
90歳にして、彼はまだ元気いっぱいだ。

I want to build a home full of life and love.
私は活気と愛情にあふれる家庭を作りたい。

④ **The same is true**「同じことがあてはまる」

The same was true at seven, and even at ten and twelve.
（p.150, 3-4行目）
7歳になっても、10歳や12歳になってさえも（そうでした）。
直訳 同じことが7歳のときにあてはまり、10歳と12歳でさえそうだった。

The same is true of everybody else.
同じことはほかのだれにでもあてはまる。

Unfortunately, managers often don't recognize workers' real
needs, and the same is true of workers.
残念ながら、管理職はしばしば労働者の本当の要求を理解できないし、同様の
ことが労働者達にもあてはまる。

一寸法師

171

⑤ **in other words**「言い換えれば、すなわち」

> In other words, he had a very big heart.
> （p.150, 8-9行目）
> 言い換えれば、一寸法師の心はとても大きかったのです。

＊that is to say や namely と言うこともできます。

Money and I are strangers; in other words, I am poor.
金と私とは他人同士です。つまり、貧乏なんです。

We need to concentrate on our target audience, in other words [namely] women aged between 20 and 30.
私達は広告ターゲット、言い換えれば20歳から30歳の女性に焦点をしぼる必要があります。

⑥ **follow one's heart**「自分の気持ちに従う」

> We always taught you to follow your heart.
> （p.152, 下から4-3行目）
> 私達は、お前には自分の望みをあきらめないようにと教えてきた。

You should follow your heart.
あなたは自分の気持ちに素直になるべきです。

I will follow my heart and stay true to myself.
私は自分の気持ちに従って、自分に正直に生きて行きます。

⑦ believe in ～「～を信じる」

Never stop believing in yourself! （p.154, 下から4-3行目）
必ず自分を信じてな！

＊I believe you.は「私はあなた（の言ったこと）を信じます」の意味で、I believe in you.は「私はあなた（の人柄、人格、能力）を信じます」という意味です。

He believes in me.
彼は私を信頼してくれています。

Do you believe in your children?
子ども達を信じていますか？

＊ believe in には「～の存在を信じる、宗教を信じる」や「～の価値や正しさ信じる」という意味もあります。

I believe in UFO's.　私は空飛ぶ円盤の実在を信じています。

I believe in early rising.　私は早起きはよいと信じています。

⑧ little by little「少しずつ」

Little by little, day after day, Issun Boshi pushed his soup bowl boat up the river. （p.156, 1-2行目）
少しずつ、来る日も来る日も一寸法師はお椀の船をあやつって川をのぼってゆきました。

＊ graduallyと言うこともできます。

I think I'm improving little by little.
私は少しずつ向上していると思います。

There's no rush. You should get to know little by little.
急ぐ必要はありません。あなた達は少しずつ知り合いになるべきです。

一寸法師

173

⑨ Excuse me!「ごめんください！」

Excuse me!（p.158, 6行目）
ごめんください！

＊知らない人に話しかけたり、相手に異議を唱えたりする時に用います。

Excuse me, could I get past?
ちょっと失礼、通していただけますか？

Excuse me, but you are wrong there.
こう申し上げてはなんですが、あなたはその点で間違っています。

＊Excuse me.は他に、人と軽く方がぶつかった際などの軽い謝罪に用い、Pardon me. / Sorry. などと同じように用いられます。ぶつかって相手が倒れてしまった場合などは、これらの表現では不十分なため、I'm sorry.やさらにI'm so sorry.と強調したり、Are you OK?などと相手を気遣う表現を加えて使います。

⑩ come true「（夢・希望などが）実現する」

Any wish you make with this will come true!
（p.168, 2-3行目）
あなたの望みはなんでもかなえられるのです！

Someday I want to make my dreams come true.
いつか夢を叶えたい。

Not all dreams come true.
すべての夢が叶う訳ではない。

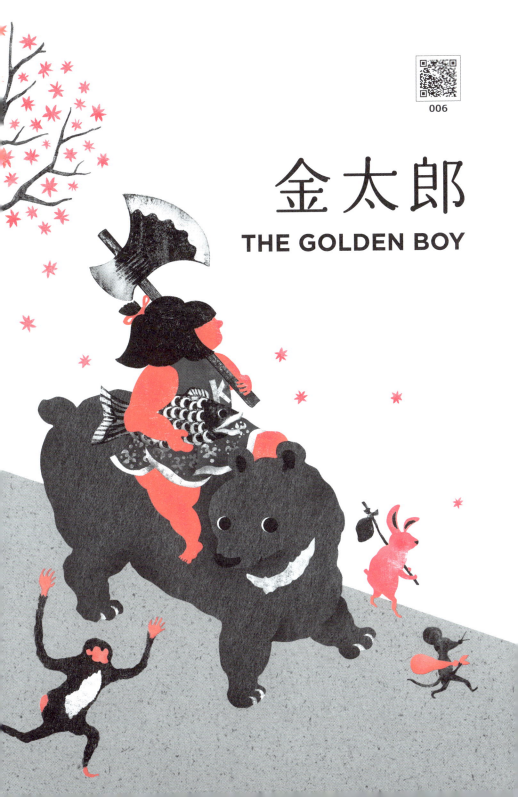

Long, long ago, on a mountain called Mt. Ashigara, there lived a young boy called Kintaro (the Golden Boy) and his mother. His father had been a samurai in Kyoto, but he was killed in a war.

His mother, who ran away from the fighting, brought Kintaro deep into the mountains. "I must make my son a great samurai like my husband any way I can," she said to herself.

The two lived in a cave so no one would find them. She picked fruit, nuts and berries for him because they did not have any other food.

 音読のポイント

　語と語のつながり（リンキング）を意識しましょう。英語は単語同士が滑らかにつながることが多く、日本語のように一語ずつ区切って発音すると不自然になります。特に、子音で終わる単語と母音で始まる単語はつながりやすいので、スムーズに発音することを意識しましょう。ran away「ラナウェイ」、make my「メイクマイ」、lived in「リヴディン」のようにつなげます。

176

昔々のこと、足柄山という山に、金太郎という男の子がお母さんといっしょに住んでいました。金太郎のお父さんは、おさむらいで京都に住んでいましたが、戦で死んでしまったのです。

　お母さんは、戦を避けるために、山の奥深くへ金太郎をつれてゆきました。「どんなことをしてでも、この子を夫のように立派なさむらいに育てなければ」お母さんはそのように自分に言いきかせていました。

　二人は洞窟のなかに住んでいたので、誰も見つけることができません。食べるものがなかったので、お母さんは金太郎のために果物や木の実、野いちごなどを摘んでいました。

金太郎

177

At one time, she had been very beautiful, but now she lost her beauty. Her beautiful clothes became dirty and worn out. They were poor, but she loved Kintaro and gave him a lot of food.

Soon he grew up to be a cheerful boy with a lot of energy. Every day he did sumo with the many animals living on the mountain. He threw one animal after another.

"Dear Bear, it's your turn. Come on!" he said, and fought with the big bear, which was just as strong as he was. After a long match, he threw it.

After the fight, he ran in the forest with the animals. He was taught how to climb trees by a monkey and how to run in the woods by a deer.

音読のポイント

　英語らしい発音をするためには、単語の最後の音までしっかり発音することが大切です。例えば、lost を「ロストゥ」と発音すると、余計な母音が入ってしまい、不自然に聞こえます。正しくは「ロ st」の st をはっきり発音します。s の後に t をきちんと発音することを意識しましょう。また、worn out を「ウォーンアウト」と発音すると、語尾の n や t が弱くなりすぎることがあります。「ウォー n アウ t」のように、n と t をしっかり発音するのがポイントです。特に t の音は、日本語の「ト」よりも軽く、息を止めるような感覚で発音すると自然になります。

お母さんは、昔はとてもきれいでした。でも、今ではそんな
美貌もすたれてしまっています。お母さんのきれいな着物も汚
れてやぶれてしまいました。二人は貧しいけど、お母さんは金
太郎を大切に思い、いつもたくさんの食べ物を金太郎のために
用意していました。

　やがて、金太郎は元気いっぱいの楽しい子どもに育ちまし
た。毎日、金太郎は山に住む多くの動物たちと相撲をとって、
次から次へと動物たちを投げとばしていました。

　「くまさん。君の番だ、かかってこい！」金太郎はそう言うと、
金太郎と同じぐらい強い大きなくまと戦います。長い取りくみ
ののち、金太郎はくまを投げたのでした。

　相撲のあと、金太郎は動物たちと森に走ってゆきました。そ
して、猿からは木ののぼりかた、鹿からは森のなかでの走りか
たを学びます。

金太郎

179

One of his friends was a big carp living in a river. He had saved the fish when it jumped③ out of the water. He enjoyed riding on the carp as it swam up the fast-moving river.

When it was raining, he spent all day with the animals in a cave. He gave food to mice, squirrels, foxes, badgers, monkeys, rabbits, bears and other animals. He was very popular among them.

Looking at her son, his mother prayed to God, "May he be a great samurai!"

Several years passed, and spring came. One day, he went on a trip to the next mountain with the animals.

 音読のポイント

単語を並べるとき、英語では「リストの途中はイントネーションを上げ、最後は下げる」のが基本です。

  mice, squirrels, foxes, badgers, monkeys, rabbits, bears ↗（上昇）and other animals. ↘（下降）

これは、リストの中でまだ続く部分は「続きがあるよ」と伝え、最後の要素で「ここで終わる」と示すためです。

加えて、and の発音を「アンド」とはっきり言わずに、「アン」または「ン」に近い音で短く発音するとスムーズです。

友だちの一人に川に住む大きな鯉がいました。金太郎は、その鯉が水からはねて飛びでたとき、助けてあげたのです。金太郎は早瀬のなかを鯉が泳ぐとき、背に乗って遊びます。

　雨が降ると、金太郎は一日中動物たちと洞窟にいます。ねずみやりす、狐、あなぐま、猿、うさぎ、くま、それにもっと他の動物たちにも食べものを与えるのです。ですから金太郎は動物たちの人気者です。

　そんな金太郎を見て、お母さんは、神さまにお祈りをします。「金太郎はきっと立派なさむらいになります！」

　何年かが過ぎて、春がやってきました。ある日金太郎は、動物たちと隣の山に旅に出ました。

金太郎

He sat on a big bear, carrying his hatchet on his shoulder, and with him were a mouse, a squirrel, a monkey, a rabbit, a raccoon, a fox, a boar and a deer. They really enjoyed the trip.

④ Reaching a cliff, they found a big river moving fast under them.

"The river is so fast that we can't cross it," said Kintaro.

"I will push down a big tree and make a bridge," said the bear, but the tree was too strong.

The boar ran at the tree and hit it with his head, but only the leaves moved.

raccoon、really、enjoyed、reaching といった語はストレスの位置を間違えると、英語らしいリズムにならないので注意しましょう。raccoon は日本語の「ラクーン」と違って「クーン」に強勢があります。really や reaching は最初の「リ」に、enjoyed は「ジョイ」に強勢があります。

金太郎は大きなくまのうえに乗って、まさかりを担いで、猿
やりす、そしてむじなに狐、そして猪や鹿をつれてゆきます。
皆で楽しく旅をしました。

　崖までくると、したに流れの速い川があるではありません
か。

　「川の流れが速すぎて、わたれないぞ」金太郎は言いました。

　「僕が大きな木を押したおして、橋をつくるよ」くまは言い
ました。でも、木はとてもがっしりしています。

　猪が木にむかって走ってきて、頭をぶつけますが、葉っぱが
動いただけでした。

金
太
郎

"OK, I will try," said Kintaro, and he stood in front of the tree. He pushed and pushed.

To the animals' surprise, the tree moved and then fell with a big noise, ⑤making a bridge between the two cliffs.

Everyone felt very happy. Then somebody spoke to them from behind. The voice said, "What a powerful boy you are!" A samurai and his men were standing there.

"My name is Minamoto-No-Yorimitsu. Why don't you join me?"

"Can I be a samurai?" asked Kintaro with surprise.

音読のポイント

　pushed and pushed の部分は物語のクライマックスで、Kintaro の努力を描写する重要な繰り返しです。sh の発音と and の連結が英語らしいリズムを作ります。まずは pushed の発音に注意しましょう。日本語では「プッシュド」と発音しがちですが、正しくは「プシュト」に近い音です。次に pushed and pushed を「プシュト（間）アンド（間）プッシュト」と分けるのではなく、「プッシュタンドプッシュト」と滑らかにつなげます。d と a が隣り合うので、「タンド」とほぼ一つの音のように流します。and は軽く短く、「プッシュト（少し強く）アンド プッシュト（強く）」と 2 回目の pushed を力強く発音し、努力の様子を表現しましょう。

「よし、僕がやってみよう」金太郎はそう言うと、木の前に立って何度もそれを押しました。

　動物たちはびっくり。木が動いて、ついに大きな音とともに倒れたではありませんか。そしてやっと崖をわたれる橋ができたのです。

　みんなとてもうれしくなりました。そのとき、誰かがうしろで話しかけています。「なんと力のある子なのじゃ」そこには一人のさむらいが、配下をつれて立っていました。

「わしの名は源頼光じゃ。わしの家来になってはくれぬか」

「おさむらいになれるのですか」金太郎はびっくりしてそう言いました。

⁶"I am sure you'll be one of my greatest samurai," said Yorimitsu.

He returned to the cave where his mother lived and said to her, "I will be a great samurai like my father."

She was so happy that tears came to her eyes, but she was sad to say goodbye to him.

When he left the mountain, the animals and his mother saw him off with sad faces.

"Thank you for being my friends. I will never forget you. I love you, Mom. I am sure I will return home in the future," said Kintaro, waving his hands again and again.

 音読のポイント

英語では母音の長さが意味やニュアンスに影響します。lived の i は短く「リvド」、tears の ea は長く「ティアーズ」に近い発音。cave は「ケイv」と長めに、sad は「サd」と短く発音します。日本人は母音の長さを均等にしがちなので、意識して差をつけましょう。

「間違いなく、わしの家来のなかでも最も立派なさむらいに
なれるじゃろう」

　金太郎はお母さんのいる洞窟にもどると、「私は父上のよう
な立派なさむらいになって参ります」と言いました。

　お母さんはうれしくて目に涙を浮かべます。しかし、金太郎
と別れることは寂しいかぎりです。

　山を去るとき、動物たちもお母さんも悲しそうに金太郎を見
おくりました。

「今まで仲よくしてくれてありがとう。絶対みんなのことは
忘れないよ。そして大好きなお母さん。きっと帰って参ります
から」金太郎は何度も手を振りながらそう言いました。

金太郎

A few years later he became a great samurai named Sakata-No-Kintoki. In Kyoto, he was chosen as one of the four most important of Yorimitsu's men and killed demons living on a mountain called Mt. Oe.

He invited his mother to Kyoto, and they lived together happily ever after.

英語の肯定文では、文末のイントネーションを自然に下げます。happily ever after を「ハピリー・エバー・アフター」と日本語風に平板に読まず、happily は「ハプリー」(「リ」を短め) ever after の ever は「エヴァ」、最後の after は「アフタ(r をしっかり巻く)」で声を下げて終わりましょう。

何年かして、金太郎は立派なおさむらいになって、坂田金時と名のります。京都では、金太郎は頼光の四天王のひとりに数えられ、大江山に住む鬼たちも退治しました。

　金太郎は、お母さんを京都に招き、末ながく幸せに暮らしたということです。

覚えておきたい英語表現

① **any way I can**「なんとしてでも」

> "I must make my son a great samurai like my husband any way I can," she said to herself. (p.176, 7-9行目)
> 「どんなことをしてでも、この子を夫のように立派なさむらいに育てなければ」お母さんはそのように自分に言いきかせていました。

＊「できる限りの方法で」「なんとしてでも」という意味で、強い意志や決意を表す表現です。特に、困難な状況の中で何とかして目標を達成したいときに使われます。

I will help you any way I can.
なんとしてでもあなたを助けます。

She tried to save money any way she could.
彼女はなんとしてでもお金を貯めようとした。

He wanted to see his family, so he found a way to go home any way he could.
彼は家族に会いたくて、なんとしてでも帰る方法を見つけた。

② **It's your turn.**「君の番だよ。」

> "Dear Bear, it's your turn. Come on!" he said.
> (p.178, 9行目)
> 「くまさん。君の番だ、かかってこい！」金太郎は言いました。

＊順番が回ってきたときに使うフレーズで、ゲームや会話、仕事、学校の場面などでよく使われる表現です。

「It's your turn to + 動詞」の形で、「〜する番だよ」という言い方もできる。「Whose turn is it?」(誰の番？) という疑問文もセットで覚えておくと便利。

It's your turn to roll the dice.
サイコロを振るのは君の番だよ。

It's your turn to wash the dishes.
皿を洗うのは君の番だよ。

"It's your turn to sing!" "Oh no, I'm so nervous!"
「君が歌う番だよ！」「ええっ、緊張するよ！」

③ jump out of ~ 「～から飛び出す」

He had saved the fish when it jumped out of the water.
（p.180, 2-3行目）
金太郎は、その鯉が水からはねて飛びでたとき、助けてあげたのです。
直訳 魚が水から飛び出したとき、彼はそれを助けました。

＊jump out of ~ は、「～から飛び出す」「急に～から跳び出る」という意味を持ち、素早い動きや驚きの瞬間を表すのによく使われる表現です。jump（跳ぶ）と out of （～の外へ）の組み合わせで、何かの中から外に勢いよく移動するイメージで、人や動物の動きだけでなく、突然の出来事や驚きの表現にも使えます。

The cat jumped out of the box.
猫が箱から飛び出した。

The little boy jumped out of bed when he heard his mother's voice.
その男の子はお母さんの声を聞いて、ベッドから飛び起きた。

She screamed when a spider jumped out of the box.
クモが箱から飛び出して、彼女は悲鳴を上げた。

④ Reaching ~, they found ~
「～に到着すると、～を見つけた」

Reaching a cliff, they found a big river moving fast under them. （p.182, 5-6行目）
崖までくると、したに流れの速い川があるではありませんか。

＊Reaching ~ （～に着くと）は分詞構文の一形態で、「～するとすぐに」や「～して、その結果」という意味を表現します。この構文は、主語が同じ場合に元の文を短縮してシンプルにする効果があり、When they reached ~, they found ~ のような通常の文をより簡潔でスムーズな表現に変換することができます。これにより、文章の流れがより自然になり、読みやすさが向上します。

Reaching the top of the hill, they saw a beautiful sunset.
(= When they reached ~,)
丘の頂上に着くと、彼らは美しい夕日を見た。

Reaching the finish line, she collapsed from exhaustion.
(= After she reached ~,)
フィニッシュラインに着くと、彼女は疲労のために倒れました。

Reaching the office, he started working on the urgent project.
(= As soon as he reached ~,)
オフィスに着くと、彼は急ぎのプロジェクトに取り掛かりました。

⑤ make a bridge between ~「～の間に橋を作る」

Making a bridge between the two cliffs. (p.184, 4-5行目)
二つの崖の間に橋を作りました。

＊ make a bridge between A and B は、「A と B の間に橋を作る」という意味で、物理的な橋だけでなく、比喩的に「関係をつなぐ」「仲を取り持つ」という意味でも使えます。

物理的な橋の例：

The engineer made a bridge between the two islands.
エンジニアが二つの島の間に橋を作った。

比喩的な橋の例：

Friendship makes a bridge between different people.
友情は異なる人々をつなぐ橋となる。

Learning English makes a bridge between me and the world.
英語を学ぶことは、私と世界をつなぐ橋となる。

Music makes a bridge between generations.
音楽は世代をつなぐ橋となる。

⑥ I am sure ~ 「きっと〜だ」

"I am sure you'll be one of my greatest samurai," said Yorimitsu. (p.186, 1-2行目)
「間違いなく、わしの家来のなかでも最も立派なさむらいになれるじゃろう」と頼光は言いました。

＊I am sure ＋ 文で、「私は〜を確信している」「きっと〜だろう」と、自信を持って何かを言うときに使う表現で、「100%確信がある」というよりも、「強く信じている」というニュアンスがあります。話し相手を励ましたり、未来について前向きに考えたりするときによく使われます。
「I'm sure that ~」と "that" を入れることも可能ですが、会話では省略されることが多いです。

I am sure you will make many friends at your new school.
きっと新しい学校でたくさん友達ができるよ。

Don't worry. I am sure everything will be fine.
心配しないで。きっとすべてうまくいくよ。

She is working so hard. I am sure she will pass the exam.
彼女はとても頑張っている。きっと試験に合格するよ。

金太郎

Long, long ago there lived an old man and his wife in a village. They cut bamboo and made baskets and other things out of it to get money.

One day the man went to the forest as always, and he found a shining bamboo plant. He cut it open, and to his surprise, he found a baby girl inside.

The old man and his wife had no children of their own, so they ①took her in and named her Kaguya Hime (Bamboo Princess).

Every time the man went to cut bamboo after that, he found money in it. Soon he and his family became rich.

 音読のポイント

　wife、went などwで始まる単語が登場しますが、wは日本語にない音で、唇を軽く丸めて「ウ」に近い音を出す必要があります。wife を「ワイフ」ではなく、唇をすぼめて「ゥワイフ」、went を「ウェント」と平板にせず「ゥウェント」と、最初の「w」を意識して最初に軽く「ウ」の要素を入れるとより英語らしくなります。日本語の「ウ」は唇をあまり動かさずに出せますが、英語の「w」は「ウ」よりも強く唇を丸める」ことが重要です。口をすぼめずに発音すると、「w」の音が弱くなって、英語らしい響きになりません。

昔々、おじいさんとおばあさんがとある村に住んでいました。二人は竹を切って、籠やいろいろなものをつくって暮らしていました。

　ある日、おじいさんはいつものように森に行くと、輝く竹を見つけました。おじいさんがその竹を切ってなかを見ると、驚いたことに女の赤ちゃんがそこにいるではありませんか。

　おじいさんとおばあさんには子どもがいません。そこでその赤ちゃんを引き取ってかぐや姫と名づけました。

　それからというもの、おじいさんが竹を切るとそこにはいつも小判が入っています。やがて一家はお金持ちになりした。

かぐや姫

Kaguya Hime grew day by day to be a very beautiful lady. Hearing of her beauty, many young men from various places visited her house because they wanted to marry her. But she never showed any interest in them.

She always looked like she was thinking about something else, and just looked up at the sky.

Her father could not ignore the men who were always visiting, so he told them that the man who brought the greatest treasure in the world would be able to marry her.

Some of the men brought wonderful treasures, but she always said that they were not special enough.

音読のポイント

Kaguya や day の y は、日本語の「ヤ」や「イ」とは違い、滑らかに「イ」に流れる音です。一般的なテキストでも y は登場しますが、この物語では Kaguya（カグヤ）が繰り返し出てくるため特に目立ちます。「カグヤ」を「カ・グ・ヤ」と区切らず、「カグィヤ」と一気に滑らかに発音しましょう。day も「デイ」と鋭く言うより「ディ」と柔らかく伸ばしましょう。

そしてかぐや姫は日を追うごとに育っていって、とても美しい娘になりました。その噂を聞いて、多くの男たちがあちこちからたずねてきて、かぐや姫をお嫁にもらおうとします。でも、かぐや姫は誰にも興味を示しません。

かぐや姫はいつも何か他のことを考えているようで、ただ空を見つめています。

おじいさんは、たびたびたずねてくる男たちを放っておくわけにもいきません。そこで、男たちに、この世で最もすてきな宝物を持ってきた者に、かぐや姫をお嫁にやると約束したのです。

何人かの男たちがとてもすてきな宝物を持ってきました。しかし、かぐや姫はそのどれにも満足ではありません。

かぐや姫

Soon she began to cry every time she saw the moon.

③
"What makes you so sad? What's the matter?" asked the father.

"I am all right. Listen to me. I was born on the moon. I must return to the moon on the night of the 15th of August, when some visitors are coming to pick me up."

"That is crazy," said the father. He was very angry. The 15th of August was the next day.

The father found a group of samurai to keep her safe from the visitors. He hoped that she would never return to the moon.

 音読のポイント

　time や moon、must の m は、この物語で頻出する「月」や「時間」に関連する単語で、感情的な響きを強調します。日本語では「ム」と軽く終わりがちですが、英語では唇を閉じて鼻から「ン」と響かせます。moon を「ムーン」ではなく「(ン)ムーン」、must を「マスト」ではなく「(ン)マスト」と、最初に鼻音を意識して発音してください。time も「タイム」と日本語風に軽く終わるのではなく、「タイ(ン)ム」と、m の部分で少し余韻を残すように意識してください。

やがて、かぐや姫は月を見るたびに泣くようになりました。

「どうしてそんなに悲しいのかい。何があったのかね」おじいさんはたずねました。

「大丈夫です。私の話を聞いてください。実は私は月で生まれたのです。そして中秋の名月のときに、使いが迎えにきて、月に帰らなければならないのです」

「なんということだ」おじいさんはびっくり。中秋の名月は明日ではありませんか。

おじいさんは、さむらいたちにお願いして、使者からかぐや姫を守ろうとします。かぐや姫が月に帰らないようにと心で祈りながら。

かぐや姫

That night, as the moon was rising over the mountains, its light suddenly flashed down on the men at the old man's house.

Many of them shot arrows at the moon, but none of them could hit it. Then, there was a bright flash of light, and they all began to sleep.

An angel came down through the light from the moon to the house. Kaguya Hime could not help moving toward the light. She slowly flew up to the sky hand-in-hand with the angel. Nothing could stop them.

The old man and his wife could do nothing as they watched her return to the moon.

音読のポイント

英語では、単語が連続する際に音がつながることが多いです。例えば、shot arrows → 「ショッ・タローズ」（t が次の a とつながる）、could not help →「クッ・ノッ・テルプ」（t が次の h とつながる）、hand-in-hand →「ハン・ディン・ハンド」（d と i がつながる）など。ひとまとまりで発音すると、より英語らしくなります。

その夜、月が山から上ったとき、いきなりまぶしい明かりが
おじいさんの家にいる男たちに降りそそぎます。

　さむらいたちは、月に向かって矢を放ちました。しかし、何
にもあたりません。そして、もっと明るく光ったとき、さむら
いたちは、眠ってしまいました。

　月のお使いが、光に乗って、家におりてきます。かぐや姫は
光に向かって動かずにはいられません。お使いに手をとられて
ゆっくりと空へとあがってゆきます。誰もそれを止めることは
できませんでした。

　おじいさんも、おばあさんも、ただその様子を眺めているだ
けでした。

かぐや姫

203

覚えておきたい英語表現

① take ~ in「~を引き取る、受け入れる」

> The old man and his wife had no children of their own, so they took her in and named her Kaguya Hime.（p.196, 8-10行目）
>
> おじいさんとおばあさんには子どもがいません。そこでその赤ちゃんを引き取ってかぐや姫と名づけました。

＊take ~ in は「~を引き取る」「家に迎え入れる」「保護する」という意味を持つ表現です。人や動物を養う、世話をする というニュアンスがあり、孤児、迷子の動物、困っている人 を引き取るときによく使われます。

> The kind old woman took in a lost child and gave him food.
> 優しいおばあさんは迷子の子どもを引き取り、食べ物を与えた。

> After the storm, they took in a kitten that had no home.
> 嵐のあと、彼らは家のない子猫を引き取った。

> My uncle took me in when I had nowhere to go.
> 行くところがなかったとき、叔父が私を引き取ってくれた。

＊別の意味として「(情報を)理解する・吸収する」という意味もあります。

> There was too much information to take in.
> 情報が多すぎて理解しきれなかった。

② Hearing of ~「~のうわさを聞いて」

> Hearing of her beauty, many young men from various places visited her house.（p.198, 2-3行目）
>
> その噂を聞いて、多くの男たちがあちこちからたずねてきました。
>
> 直訳 彼女の美しさのうわさを聞き、多くの若者が各地から彼女の家を訪れました。

＊Hearing of ＋名詞は「~についての話を聞いて」「~のうわさを耳にして」という意味で、分詞構文の形で使われます。hear of ~ は「~について（初めて）聞く」「~の存在を耳にする」というニュアンスを持ち、特定の情報や出来事に関するうわさを聞く場合によく使われます。

204

Hearing of the famous festival, we decided to visit the town.
その有名な祭りのうわさを聞いて、私たちはその町を訪れることにした。

Hearing of the new bakery, she wanted to try their bread.
その新しいパン屋のうわさを聞いて、彼女はそこのパンを食べたくなった。

Hearing of his kindness, many people came to ask for his help.
彼の優しさのうわさを聞いて、多くの人が助けを求めに来た。

③ **What makes you ~?**「何があなたを～させるの？」

"What makes you so sad? What's the matter?" asked the father.（p.200, 3-4行目）
「どうしてそんなに悲しいのかい。何があったのかね」おじいさんはたずねました。

＊What makes you+形容詞?は、「何があなたを（形容詞の状態）にさせるの？」という意味で、感情の原因を尋ねるときに使う表現です。

＊What makes you ~?は直接的な原因や理由を尋ねるときに使います：
Why are you sad? なぜ悲しいの？（状態を尋ねる）
What makes you sad? 何があなたを悲しくさせるの？（具体的な原因を尋ねる）

What makes you so happy today?
今日は何がそんなにうれしいの？

What makes you laugh so much?
何がそんなにおかしくて笑っているの？

What makes you so interested in history?
どうしてそんなに歴史に興味があるの？

④ **Nothing could stop ~**
「何も〜を止めることはできなかった」

> Nothing could stop them.（p.202, 下から 4-3 行目）
> 誰（何）もそれを止めることはできませんでした。

＊Nothing could stop+人/物の形で、「何も〜を止めることはできなかった」「誰にも〜を阻止できなかった」という意味を持ち、何かが強い決意や運命によって進んでいき、どんな障害もそれを止められなかった というニュアンスを持ちます。

Nothing could stop the little boy from trying again.
何もその小さな男の子が再挑戦するのを止めることはできなかった。

It was raining, but nothing could stop them from playing soccer.
雨が降っていたが、何も彼らがサッカーをするのを止めることはできなかった。

Nothing could stop her from following her dream of becoming a singer.
何も彼女が歌手になるという夢を追うのを止めることはできなかった。

English Conversational Ability Test
国際英語会話能力検定

● E-CATとは…
英語が話せるようになるためのテストです。インターネットベースで、30分であなたの発話力をチェックします。

www.ecatexam.com

● iTEP®とは…
世界各国の企業、政府機関、アメリカの大学300校以上が、英語能力判定テストとして採用。オンラインによる90分のテストで文法、リーディング、リスニング、ライティング、スピーキングの5技能をスコア化。iTEP®は、留学、就職、海外赴任などに必要な、世界に通用する英語力を総合的に評価する画期的なテストです。

www.itepexamjapan.com

Enjoy Japanese Folktales in English
英語で楽しむ日本昔ばなし［増補改訂版］

2025年5月5日　第1刷発行

著　者　　カルラ・ヴァレンタイン

発行者　　賀川　洋

発行所　　IBCパブリッシング株式会社
　　　　　〒162-0804 東京都新宿区中里町29番3号 菱秀神楽坂ビル
　　　　　Tel. 03-3513-4511　Fax. 03-3513-4512
　　　　　www.ibcpub.co.jp

印刷所　　株式会社シナノパブリッシングプレス

© IBC Publishing, Inc. 2025

Printed in Japan

落丁本・乱丁本は、小社宛にお送りください。送料小社負担にてお取り替えいたします。
本書の無断複写（コピー）は著作権法上での例外を除き禁じられています。

ISBN978-4-7946-0875-8

 IBCパブリッシング
大好評既刊！

1日10分英語回路育成計画
名作文学で学ぶ英語音読トレーニング
鹿野 晴夫（編）

[対訳ニッポン双書]
日本昔ばなし [増補改訂版]
カルラ・ヴァレンタイン 他（著）

音読JAPAN [改訂版]
英語でニッポンを語ろう！
浦島 久（著）

精読×速読で極めるハイブリッド英文読解
杉山 一志（著）

ISBN978-4-7946-0875-8
C0082 ¥1600E

定価（本体1,600円+税）
IBCパブリッシング

「音読」は語学力アップに最適な方法です！

❶ リスニング　　自分で発音できる音は聞き取れる

❷ リーディング　テキストを目で追って理解する

❸ スピーキング　音声の発音やリズムを真似する

❹ ライティング　解説も見ながら表現を覚える